メイクで見つける
可愛いの法則

柏木由紀

宝島社

はじめに

本書を手にとっていただき、ありがとうございます。柏木由紀です。

私が本当に好きなことと好きなものが「メイク」と「コスメ」なので、それを本として皆さんにお届けできることがとてもうれしいです。ＹｏｕＴｕｂｅで私が紹介したメイク法を、実際にやってみたよ！　と言ってもらえるのがうれしいのですが、動画はとにかく量があるので、「この一冊を読めばわかる！」という内容に仕上げました。ＹｏｕＴｕｂｅでは紹介していないものも載せているので、いつも動画を見てくださっている皆さんにも、ぜひ読んでもらいたいです。

個人的に編み出したテクニックから基本のベースメイクまで盛り込んだ本になっているので、メイク初心者の方にも、メイクが好きな方にも楽しんでもらえる内容になっていると思います。

この本が、メイクを好きになるきっかけのひとつになれたら幸いです。

PART 2 〝可愛い〟をつくる ポイントメイク

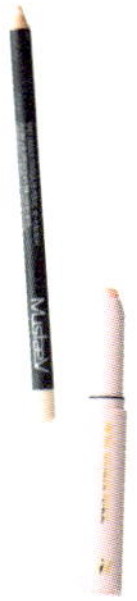

私がメイクをする理由

メイクに興味がなかったデビューからの10年間

私がはじめてメイクをしたのは、ＡＫＢ入りした15歳のとき。当時中学3年生で、地元の鹿児島にいたころは当たり前のようにすっぴんで過ごしていたし、メイクが何のためにあるのかもよくわかっていませんでした。メイクとは全く無縁の生活を送っていたんです。

ＡＫＢの現場はプロの方にお願いせずセルフでメイクをする環境でした。デビュー当時は必要に迫られ、母に教えてもらいながら、楽屋に常備してあったわずかなアイテムを使って最低限のことをするだけだった気がします。コスメに興味があるわけでもなく、メイクが楽しいとも思っていませんでした。今思

えば、もったいないですよね（笑）。もう少し早く、この楽しい世界に出逢いたかった気もします。でも、本当に知らなかったんです。こんなに世の中には可愛いコスメがたくさんあって、メイクをすることが楽しいということを。だからデビューして10年くらいはずっと同じメイクをしていたと思います。メイク直しという概念を知らなかったから、崩れたら重ねて、どんどん厚塗りにな

っていた時代もありました。

そんな私がメイクに夢中になれたのは、25歳くらいのとき。SNSや雑誌を見ているうちに、こんなにコスメには種類があって、いろいろなメイクの方法があるんだ！　ってことに気が付いたんです。それからどんどんはまっていき、プロの方に聞いたり、バズっているものはプチプラからデパコスといわれるブランドのものまで、とにかく試しました。仕事以外の時間をメイクとコスメのために使うほど夢中になっていて、今では私の唯一の趣味になりました。

コンプレックスがメイクを極める原動力に

メイクの楽しさを知ることができた25歳ごろ、撮影で出会ったメイクさんに自分が抱えている悩みの話をしたんです。「面長が気になる」「鼻を小さく細く見せたい」など、悩みを打ち明けたら「こうしてみたら」とアドバイスをくれました。教えてもらった通りにメイクをしてみたらすごく変われたんです。メイクでこんなに印象を変えられるんだって驚きました。そこから、テクニックを徹底的に研究していき、自分なりのメイク法を自身のYouTubeに投稿するようになりました。気になるところをカバーするために編み出したメイク法をすっぴんの状態から披露してみたら、意外にもたくさんの方から共感の声をいただき本当にうれしかったです。

自分にとってはコンプレックスに感じていることも、見方を変えればチャーミングな個性になるから、そのままの自分でいるのも素敵なことだと思います。どうしたいかは人それぞれで、私の場合は、思い切ってメイクの力に頼ってみたら、どんどん自信が持てるようになりました。今まで知らなかった新しい表

情を見つけることができたり、自分の可能性が広がっていく気がして、メイクのおかげでワクワクする毎日が続いています。

ＡＫＢを卒業して、30代になり、新しい道へ

ＡＫＢにいたころは、とにかく盛り盛りにして可愛く見えればＯＫと思っていました。自分よりも若い世代の子が多くいたので、大人に見えないようにピンクを多用して、できるだけ皆になじむように意識していたんです。

卒業してからは、なんとなく肩の力が抜けた気がしています。ＡＫＢ時代はつねに１２０％のメイクを目指していて、休みの日もマスカラを塗らないで外なんて出られないと思っていたけれど、最近は塗らない日もあったり。ちょうどいい引き算ができるようになりました。休日は出番の少ないアイシャドウを試してみたり、洋服に合わせてリップの色を変えてみたり。より自由にメイク

と向き合えている気がしています。

私が目指しているのは、いつでもごきげんな人。私はもともと人と話すのが得意なほうではありませんでした。でも後輩がどんどん増えていき、距離を縮めるために明るくふるまっていたら、案外これが自分らしいのかもと思えるようになったんです。ごきげんでいるほうが１日を楽しく過ごせるし、メイクで可愛くなるとよりごきげんな自分でいることができます。

プロに教わったわけでもなく、すべてが自己流。もしかすると一般的な方法ではないかもしれないけれど、本書では、私がいつもしているテクニックをたっぷりご紹介しています。少しでも皆さんの参考になればうれしいです♪

PART 1

肌をつくれれば勝ち!
垢抜け
ベースメイク

ていねいなベースメイクで透明感&ツヤのある自然な美肌に

コンプレックスをカモフラージュするためのテクニックを研究することは、一見ネガティブなことのように思えるけれど、私にとってはそうではないんです。**ひとつひとつのパーツをていねいに仕上げ、そのたびに「よしっ！」と思いながら、〇をつけていく感じ。**「今日もいくぞっ！」と自分を奮い立たせるために、楽しみながらメイクをしています。そうしているうちに、コンプレックスだと思っている部分もポジティブに思えてくるんです。

「こうしたら可愛くなるかも」「憧れのあの人に近づきたい」という想いをモチベーションに、失敗したらすぐに落としてまた練習して。たくさん試して理想の自分に近づくためのメイク法を見つけてきました。SNSで「ゆきりん、最近雰囲気変わった！」「えっ、整形した？」というコメントを見つけると、メイクを褒められた気がして、思わずガッツポーズしてしまいます（笑）。

私は昔から、ニキビがあったり、毛穴が目立っていたり、肌には自信がありません。だから、悩みをつい必死に隠そうとして、ファンデーションやコンシーラーをどんどん厚塗りしていたこともありました。でもそれだと、ヨレやすく、肌がキレイに見えないんです。今は素肌がキレイだと思われるように、偽装する気持ちで、ベースメイクにいちばん時間をかけています。急いで雑に行うと、わかりやすく崩れます。しっかりスキンケアをして肌を落ち着かせてから、**とにかくメイク下地もファンデーションもコンシーラーも少量を、薄く、ていねいにのばしていくこと！** これだけを守りながら進めると、断然もちがよくなります。日中のメイク直しは、ほんの少しコンシーラーかフェイスパウダーを足すだけなので、肌も気持ちも軽やかでいられます。

STEP 1

メイク下地で 毛穴悩みをカバーして ツヤを出す

肌のムラを整えて、ベースメイクののりやもちをよくしてくれるメイク下地。ここでいちばん私が大事にしているのは、悩みでもある毛穴の目立ちをしっかり隠すこと。**毛穴カバー専用の下地はマストなアイテムです**。これを使うのと使わないのとでは、肌の見え方が変わってくるので、必ず仕込みます。さらに**顔全体に使うのは、自然なツヤを与えてくれる下地。保湿効果が高いものを選んで、ていねいに塗ると、あとに塗るファンデーションの量を少なくしても肌がキレイに仕上がります。**

upink
ポアレスフィットプライマー

毛穴の凹凸をカバーする

毛穴をカバーする下地を毛穴が目立つ鼻にのせる。上下、左右に指を動かして、毛穴に埋め込むように塗る。

クレ・ド・ポー ボーテ
ヴォワール
コレクチュールn

肌の土台を整える

ピンクベージュ系の下地をパール1粒大とり、額、頬、あごに置き、タッピングしながら薄く全体に広げる。

ゆきりんの
お気に入り！

FAVORITE ITEMS

ピンクベージュで
赤みや色ムラもカバー

毛穴カバー
下地

毛穴にピタッとフィットして肌の凸凹をカバー。肌をなめらかに見せる部分用下地。ウォータープルーフ処方で汗や涙にも強い。

upink ポアレスフィットプライマー 10g
¥1,210／Rainmakers

肌のトーンは変えずに
凹凸をフラットに整える

毛穴カバー
下地

肌と一体化するような薄膜ヴェールでつるんとした肌に。明るさを引き出し、透明感がアップするノーカラータイプ。

RMK スムースフィット
ポアレスベース 01 SPF4·PA+ 35g
¥4,180／RMK Division

つけ心地がお気に入り
ノンストレスで使える

ツヤ下地

韓国で出合った日焼け止め。
みずみずしくのびがよく、
肌がしっとり。

Beauty of Joseon
リリーフサンライス+
プロバイオティクス SPF50+·
PA++++ 50mL（本人私物）

何本もリピート中!
キメの整った美肌に

ツヤ下地

フィルターをかけたようにトーン
アップ。くすみ補正と保湿力が抜
群で、肌を底上げしてくれる。

クレ・ド・ポー ボーテ
ヴォワールコレクチュールn
SPF25·PA++ 40g
¥7,700／クレ・ド・ポー ボーテ

STEP

2

コントロールカラーで透明感を与える

メイク下地のあとに仕込むのは、コントロールカラー。色の効果で肌の色を均一に補正してくれたり、悩みをカバーしてくれたり、透明感を与えてくれたりと、とっても優秀なアイテム。**なりたい理想の肌印象を叶えてくれるので、ブルー、グリーン、イエローの3種類のコントロールカラーを使い分けるのが定番です**。顔が膨張して見えないよう、のせる位置にもじつはこだわりが！　どこにのせるのか、どうやって色を使い分けているのか、ポイントを紹介しているので、ぜひ参考に♪

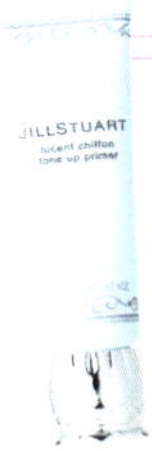

ジルスチュアート
ルーセントシフォン
トーンアップ
プライマー 03

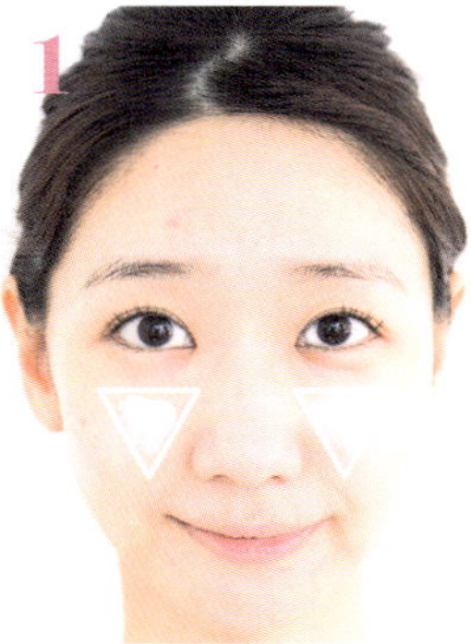

頬のみ逆三角形を描くように塗る

肌に透明感を与えるブルーのコントロールカラーを頬にのせる。目の端より内側に逆三角形を描くようにするのがコツ。

明るくするところは頬だけ！

指で頬の高いところを中心に薄くのばす。顔全体に塗ると膨張して、顔が大きく見える可能性があるので注意。

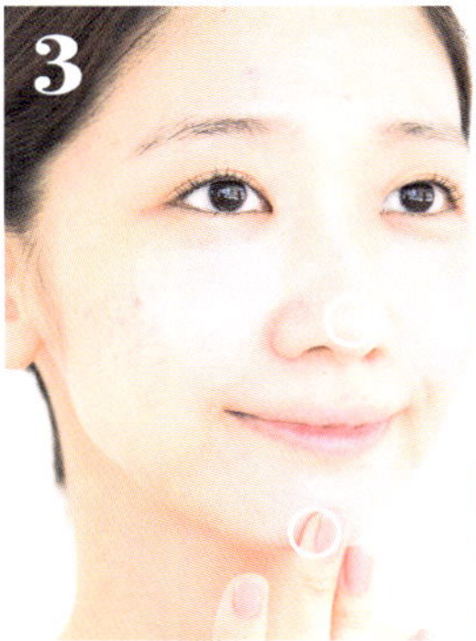

高く見せたいところにも塗る

コントロールカラーが余ったら、あごや鼻先など高く見せたいところに薄くのせるとハイライト効果が出る。

コントロールカラーは
なりたい肌で使い分ける

くすみや赤み、色ムラ、肌トーンをキレイに整えてくれるコントロールカラー。ふだんはブルー、グリーン、イエローの３色をストックしていて、その日のメイクの雰囲気やなりたい印象に合わせて選んでいます。メイク下地と一緒に仕込むことで、ファンデーションが厚塗りにならず、ナチュラルに仕上げることができます。

透明感がほしい
【ブルー】

黄みや赤みが気になる肌にはブルーがおすすめ。透明感を出しながらくすみをカバーし、涼しげな陶器肌に。全体に塗るよりも、部分使いすると効果的。

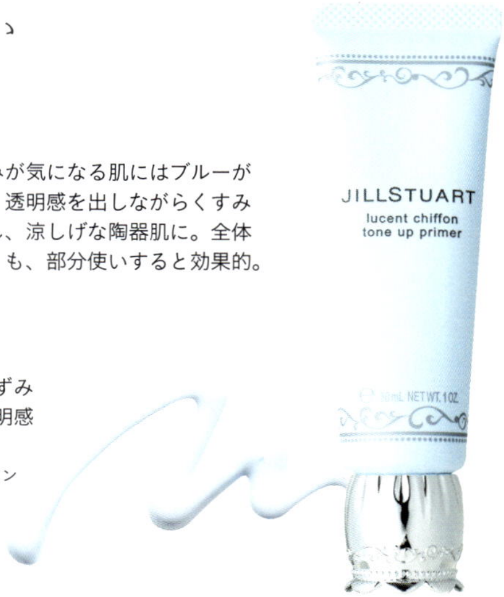

スキンケアしているようにみずみずしいタッチ。つややかな透明感を宿すアイシーブルー。

ジルスチュアート　ルーセントシフォン
トーンアップ プライマー 03
SPF35·PA+++ 30g ¥3,520／
ジルスチュアート　ビューティ

肌の赤みをカバーしたい

【グリーン】

赤みを抑える効果が高いグリーン。ニキビやニキビ跡、小鼻の赤みをピンポイントでカバーしたいときにもおすすめ。顔が赤くなりやすい人にも◎。

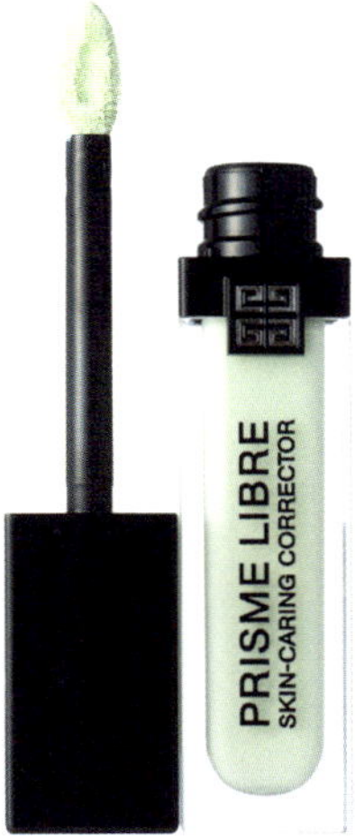

みずみずしくてのびがよく、ファンデーションに響かないのが特長。保湿力があり心地よさが1日続く。

ジバンシイ プリズム・リーブル・スキンケアリング・コレクター グリーン 11mL ¥5,060／パルファム ジバンシイ

色ムラを整えたい

【イエロー】

シミやそばかすをカバーしたいときや、肌の赤みや色ムラを補正したいときにはイエローが活躍。ワントーン明るい健康的でフラットな肌に整う。

のびがよく、肌に溶け込むようななめらかな使い心地。密着力が高くヨレにくいのが魅力。うるおいを与え、明るい肌に。

イプサ コントロールベイスe SPF25·PA++ 20g ¥3,300／イプサ

STEP

3

クッションファンデーションで自然にキレイな肌に見せる

ふだんベースメイクで愛用しているのは、ポンポンとパフでタッピングするだけでキレイにのせられるクッションタイプ。**ツヤ感を与えてくれて、しっかり肌悩みをカバーしてくれるものがお気に入り**。崩れにくいし、ヨレ方もキレイなので、1日中メイクをしているときも安心して使えます。**メイク下地とコントロールカラーですでに肌を整えているので、絶対に厚塗りにしないこと！　指で触れたらとれてしまう状態は塗りすぎです**。薄くのばすのが自然な肌に仕上げるポイント♪

upink
カバー＆
グロウクッション 02

1

クッションファンデを トントンと薄く広げる

付属のパフに少量のクッションファンデーションをとり、トントンと肌を叩き込みながら、とにかく薄く広げていく。ベタッとつけるとヨレの原因に。

細かい部分は角を使って

小鼻や口のまわり、目もとなど、細かい部分は塗り残しやすいので要注意。パフの角を使っててていねいに。

ファンデーションと首の色を揃える

肌より明るめのファンデを選んでいる場合、首の色と違っていると違和感があるので、首まで薄くのばす。

ゆきりんの
お気に入り！

FAVORITE ITEMS

クッション
ファンデーション

肌悩みをしっかり補正
崩れにくい自信作！

高いカバー力で自然なツヤ肌に仕上げ、崩れにくさも重視。ベースメイクで大切にしている機能を詰め込んだよくばりファンデ。

upink カバー＆グロウクッション SPF40·PA+++ 全２色
各¥2,200／Rainmakers

筆で塗るのがおすすめ！
ほどよいツヤ感がGOOD！

マットとツヤのいいとこどり。内側から光を放つようなもっちり白玉のような肌に。

ミルクタッチ オールデイ スキン フィット
ミルキー グロウ クッション SPF50+·PA++++
全３色 各¥2,970／ミルクタッチ

ぴたりと密着して崩れにくく、くすみ、ニキビ跡もカバー。長時間セミマットな肌が続く。メイク直しが頻繁にできない日も◎。

CipiCipi シピシピ フィットスキンクッション
SPF50+·PA+++ 全３色 各¥2,750／Rainmakers

カバー力ともちが優秀
汗をかくライブのときにも活躍！

ゆきりんの
お気に入り！

FAVORITE ITEMS

リキッド・クリーム ファンデーション

つけ心地の軽さが好き！
なめらかでハリのある肌に

肌への負担が少なく、しっとり快適な塗り心地。オフの日や長時間メイクする日に。

SHISEIDO シンクロスキン
ラディアントリフティング
ファンデーション SPF35·PA++++
全12色 各30mL ¥6,600／SHISEIDO

カバー力が高く
のびのよさもGOOD♪

なめらかにフィットして、乾燥による崩れや色ムラを見事にカバー。ぷるんとツヤのある透明肌が長時間続く。

イプサ クリーム ファウンデイションe SPF15·PA++
全6色 各30g ¥6,050／イプサ

クッションファンデと リキッド・クリームファンデ、 どうやって使い分けている？

テレビ収録などで長い時間メイクをする日や、ステージで汗をかきやすいときなど、**ていねいにしっかりカバーしたい日はリキッドやクリームファンデーション**を使うことが多いです。手軽にパパッと塗れる**クッションファンデーションは、プライベートのとき**に活躍。水分量が多く、みずみずしく使えるタイプが多いので、**とくにツヤ感を重視したいとき**にも重宝しています。

STEP

4

リキッドコンシーラーでクマや赤みをカバーする

クマや赤みなど、肌のあらをフォローしてくれるのに欠かせないのがコンシーラーです。私は**しっかり隠したいときは、リキッドタイプと固形のパレットタイプの両方を使ってカバーしています**。最初に使うのはリキッドタイプのコンシーラー。自分の肌の色に合うものを選び、気になるクマや赤みを隠していきます。ここで注意したいのが厚く塗りすぎないこと。**隠しすぎると顔が間延びしたような印象になるので、もともと存在する自然な影だと思い、薄くのせる**ように意識しています。

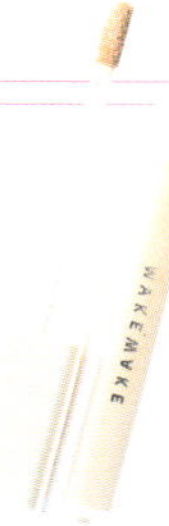

ウェイクメイク
ディファイニング
カバーコンシーラー

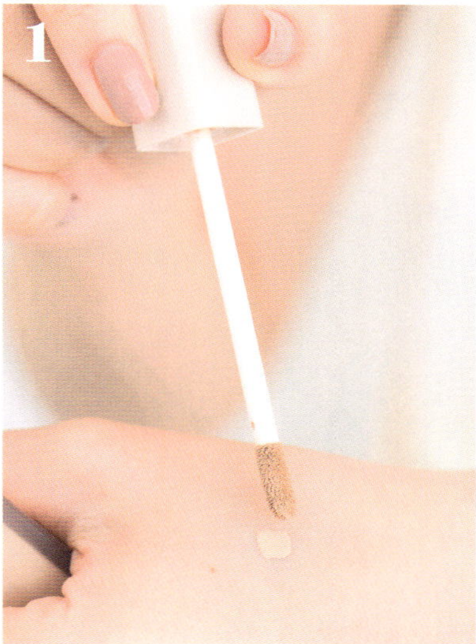

リキッドコンシーラーを手の甲に少量のせる

リキッドコンシーラーは直接顔にのせるとつきすぎることがあるので要注意。一度、手の甲にのせるがコツ。

ブラシを使って塗布する

コンシーラーブラシに少量とる。薄くムラなくのばすことができて、指でぼかす必要がないので楽ちん。

小鼻の赤みを消す

赤みが目立つ小鼻周辺をポンポンと叩くようにのせる。明るくすることで鼻が小さく見える効果あり！

クマ消しは目のキワを避けて

クマには少しずつていねいにのせていくこと。キワに入れると目が小さく見えるので涙袋の下から入れる。

ゆきりんのお気に入り！

FAVORITE ITEMS

リキッドコンシーラー

高い密着力で少量でもしっかりカバー

くすみや毛穴、肌悩みを少量でムラなく整えてくれる日常使いしやすい１本。明るめカラーはハイライト代わりにも。

ウェイクメイク ディファイニングカバーコンシーラー 全２色 各６g ¥1,100／韓国高麗人参社

ファンデ並みのカバー力 ひと塗りで効果がわかる

崩れずにカバーしながら、つけたての色が１日中続く。広範囲に使えるのでこれだけの日も。

ディオールスキン フォーエヴァー スキン コレクト コンシーラー 全11色（うち２色オンライン限定色） 各¥5,720／パルファン・クリスチャン・ディオール

STEP

5

色みを調整しやすいパレットコンシーラーでニキビをカバー

YouTubeの動画でもお伝えしていますが、私はニキビができやすいタイプ。中学生のころから治ってもまたできての繰り返しで、あごのあたりはニキビ跡が今も赤く残っています。美容皮膚科に行きレーザーで処置をしたり、食生活を整えたりもしてきたけれど、忙しくしているとぽつんとニキビが出没します。とはいえクマと同じように完璧に隠しすぎないこと。肌がベタッとして立体感がなくなってしまうので、うっすら残っていても神経質になりすぎないようにしています。

upink
カバーパーフェクトコンシーラー
ライトベージュ

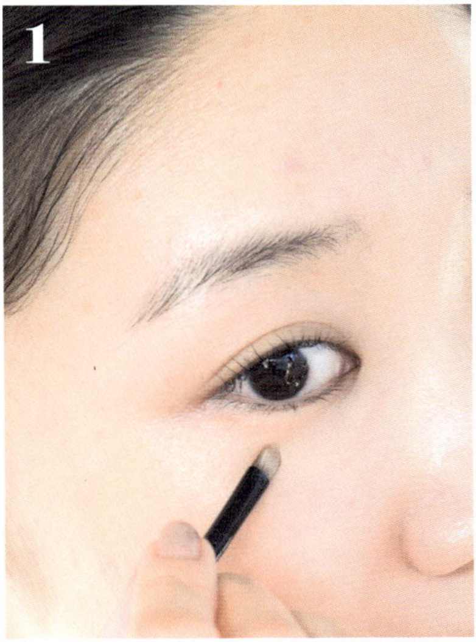

クマをていねいにカバー

カバーしきれなかったクマは、肌の色に合わせたコンシーラーを薄く重ねる。ここでヨレも修正する。

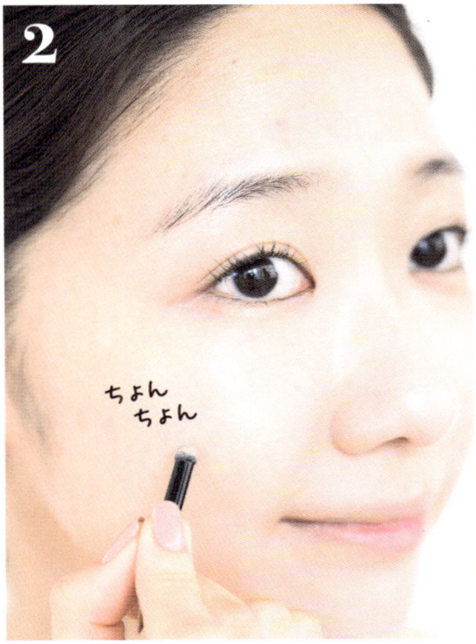

オレンジ色でニキビ跡をカバー

赤みがあるニキビや跡はオレンジ色をちょんちょんとのせる。厚塗りすると立体感がなくなるので薄く。

明るめの色で
口角のくすみをオフする

明るめのコンシーラーを口角の下にのせる。ハイライト効果でくすみが消え、口角がきゅっと引き上がる。

眉下に明るい色をのせる

明るい色を眉下の骨が出ている部分にのせる。フレーム効果で眉が立体的に見え、目もとがくっきりする。

ゆきりんの
お気に入り！

FAVORITE ITEMS

パレット コンシーラー

3つを組み合わせれば
パーフェクトに対応

肌悩みに合わせて使い分けができる３色。それぞれ質感を変えているので調整しやすいのも魅力。ヨレにくく、ちょっとしたお直しも◎。

upink カバーパーフェクトコンシーラー
ライトベージュ ¥2,200／Rainmakers

軽やかなつけ心地で
部分的に明るくしたいときに◎

コントロールカラーやハイライトカラーが１つに。薄膜でまるで塗っていないかのように自然にカバー。

アディクション スキンリフレクト
フレッシュ コンシーラー 全３種
各¥4,950／アディクション ビューティ

STEP

6

フェイスパウダーは少量でツヤを出す

ファンデーションの密着感を高めて、もちをよくしてくれるフェイスパウダー。ポイントはヨレを防ぐため、急がず少し時間をおいてファンデーションが肌になじんでからのせること。さらに絶対に厚塗りしないこと。つけすぎてしまうと、せっかくファンデーションや下地でつくったツヤ感がなくなってしまうので、ブラシを使って、少量をふんわり肌にコーティングするようにのせていきます。目から下はお直ししやすいよう、ポイントメイクを終えてからのせるのもこだわりです。

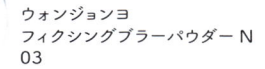

ウォンジョンヨ
フィクシングブラーパウダー N
03

1

顔の上部にのせる

ブラシにパウダーをとり、額、眉、まぶたに少量をのせる。目より下はポイントメイク後にのせる。

2

涙袋と目尻にもパウダーをオン

目の下のコンシーラーをのせたところをさけてキワに細めのブラシでのせる。これでメイクのにじみ防止に。

ゆきりんのお気に入り！

FAVORITE ITEMS

フェイスパウダー

しっとりした感触で上質なツヤ肌に

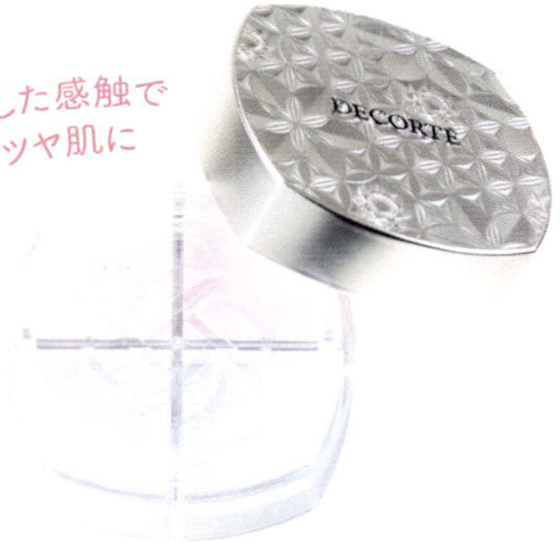

肌の上で光を調合するという発想で、４色を掛け合わせたふんわりやわらかな光を放つヴェールを肌にオン。乾燥しにくく、ヨレの防止にも。

コスメデコルテ ルース パウダー 101 ¥6,050／コスメデコルテ

透明感をまとって“ふわさら”肌に♪

スクワランやモモ葉エキスなど保湿成分を配合。うるおいの膜で包み込むようにしっとりと仕上げ、ツヤ感のあるラベンダー色が透明感を演出。

ウォンジョンヨ フィクシングブラーパウダー N 03（数量限定）¥2,420／Rainmakers

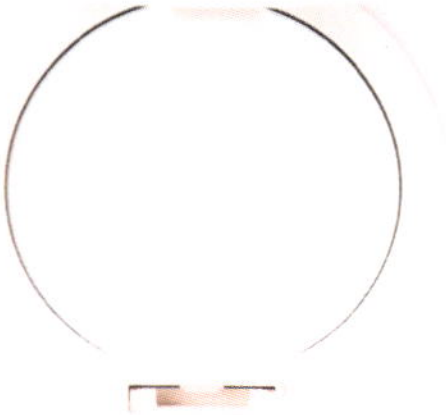

ふんわり質感のパウダーで毛穴レスななめらか肌に！

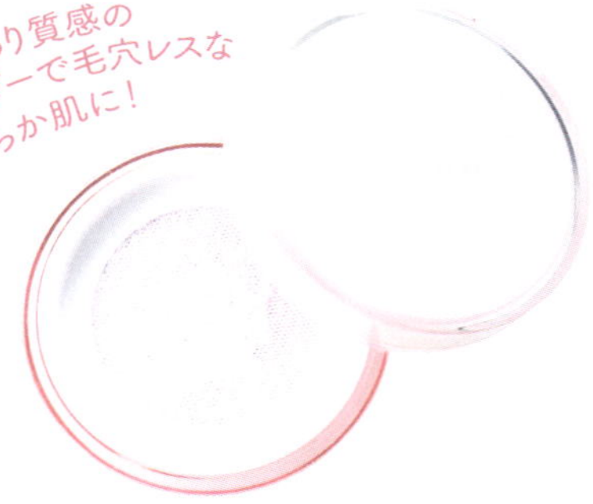

粉っぽさがなく、肌に溶け込むようになじむフェイスパウダー。毛穴や肌の凹凸をなめらかにして触れたくなるようなサラサラ肌に。

upink エアリースムースパウダー クリア ¥1,980／Rainmakers

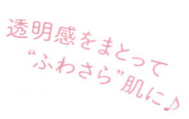

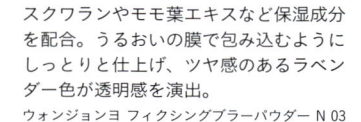

＼ ベースメイクが完成しました♪ ／

気になる毛穴やニキビ跡をうまく隠しながら、透明感とツヤを意識した仕上がりに。少量を、少しずつ、根気よく重ねていくのがゆきりん流のベースメイクです♪

Column 1

ゆきりんの“可愛い”が詰まった
コスメブランド
「upink（ユーピンク）」のこと

upink

「わたしのための『かわいい』」をコンセプトに2023年４月にデビューしたユーピンク。年齢にかかわらず、好きなものを身に着け、自分のために可愛くなってほしいという想いを込めて立ち上げました。メイクを好きになってから、自分のブランドをつくるのが夢だったので、実現したときは本当にうれしかったです。今は少しずつアイテムが増えて、ありがたいことに多くの方に手にとっていただけるようになってきました。

新しいコスメを世に送り出すときは毎回ドキドキです。つくるときに大切にしているのは、自信をもっておすすめできるものにすること。流行りに流されず、細部までこだわり本当に納得できるものをお届けしています。だから「これいい！」とうれしい反応を目にすると「わかってもらえている！」ってテンションが上がります。その方と一緒にお茶して語りたいくらい（笑）。今はユーピンクのことを考えている時間がワクワクして大好き。これからも皆さんにメイクの楽しさを感じてもらえるようなアイテムをお届けしたいと思っているので、待っていてください♪

PART 2

“可愛い”をつくるポイントメイク

「こうなれるといいな」をメイクで叶えていく

デビューしてからしばらくは同じメイクをしていたけれど、楽しさを知ってからは、いろいろな方法を試してきました。とくにポイントメイクは理想の自分に近づける大事なプロセス。上手くなりたいから、そのときいちばんだと思うものを100回以上練習して、ベストを更新していくことを繰り返してきました。「こんな雰囲気になりたい」といつも考えていて、気になるビジュアルの画像をストックしておき研究することもあるくらい。**たくさん試していくと、自分に合うものがわかってくるから、コスメ選びも失敗しなくなります。**好きなものがわかってくると、最新のコスメに触れる瞬間が楽しくなり、それを使ってメイクをする時間もハッピーになるという、まさに幸せのループです。**その日のポイントメイクの加減をどうするかは、お仕事の内容やプライベートの予定に合わせて決めています。いちばん大切にしているのは、自分がどう見られたいか、どんなテンションでいたいかです。**たとえば、好きなアイドルのコンサートに行くときは、キラキラしたラメを使って気持ちを上げていきます。目上の方にお会いするときは、大人っぽくアイラインを濃くしてみたり。

いつも同じメイクになってしまうという相談をもらうことがあるけれど、ＡＫＢ時代の私もそうでした。休日も仕事のときと同じメイクをしていないと物足りなく感じていたんです。でも、今はオフの日こそ冒険してみたり、逆にほとんどメイクをしない日もあったり。いつもはやわらかい印象になれるピンク系を選ぶことが多いけれど、シックな洋服の日は、ちょっぴり大胆に赤リップを塗ってみたり。メイクが毎日の義務にならないようにしています。キラキラしている自分を更新していくために、これからも研究を続けていきたいです。

Eye Shadow
アイシャドウ

仕込みアイシャドウは薄く少しずつ塗り自然な陰影をつくる

まずは仕込みアイシャドウからスタート。可愛らしい淡いピンクのアイシャドウを目のまわりにふわっとのせます。骨格をつくるイメージで、塗っているのかわからないくらい薄く少量を重ねていきます。自然な陰影を与えることで、目を大きく見せていく重要なプロセスです。

デイジーク
シャドウ パレット 27

淡いピンクを薄くのせる

アイホールよりやや広め（触ったらくぼんでいるところ）に★の淡いピンクのアイシャドウを薄くのせる。

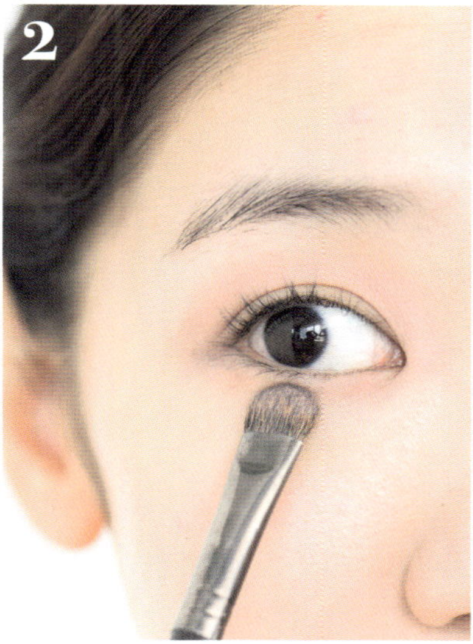

下まぶたにもふわっとのせる

下まぶた全体にも薄くふわっとのせる。濃くなりすぎないように、少量をブラシにとり少しずつのせていく。

デイジーク
シャドウパレット 27

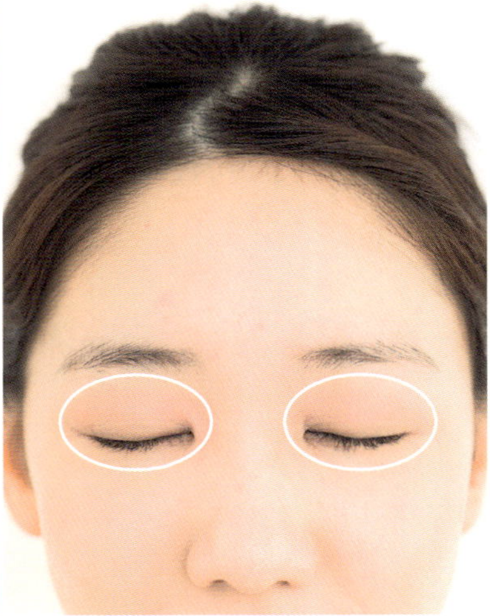

濃いピンクを重ねる

★のやや濃いピンクをアイホールの1/2くらいのところに重ねる。ナチュラルな影をつくり、奥行きを出す。

薄いピンクで目をふんわり囲む

目のまわりに薄いピンクを仕込んだ状態。ファンデーションとなじませ、視覚的に目を大きく見せている。

デイジーク
シャドウパレット 27

下まぶたの
キワにのせる

細い筆に★の２色を混ぜて、下まぶたのキワギリギリのところにのせる。これで影ができて目を大きく見せる効果を発揮。ここまでで仕込みアイシャドウの完成。あとからこの下に涙袋を描いていく。

ゆきりんの
お気に入り！

FAVORITE ITEMS

アイシャドウ

捨て色なしのパレットで
さりげないこなれ感を！

ふんわりした発色なのに、しっとり高密着。重ね塗りしやすく、上品なグラデーションのピンクメイクを叶える。

upink シャインオンステージアイパレット 01
¥1,320／Rainmakers

万能パレットで
淡いピンクメイクの完成！

肌の色を選ばない、繊細なローズピンクのカラーバリエーションが魅力。マットやシマー、グリッターの質感でムードのある目もとに。

デイジーク シャドウパレット 27 ¥4,180
／ワンダーライン

下まぶたのキワに入れやすい 赤みブラウン

ひと塗りでまばゆく発色し、単色使いでも光の効果で立体感と奥行きのある目もとに仕上げる。透け感のある赤みブラウン。

マジョリカ マジョルカ シャドーカスタマイズ BR583 ¥550（編集部調べ）／資生堂

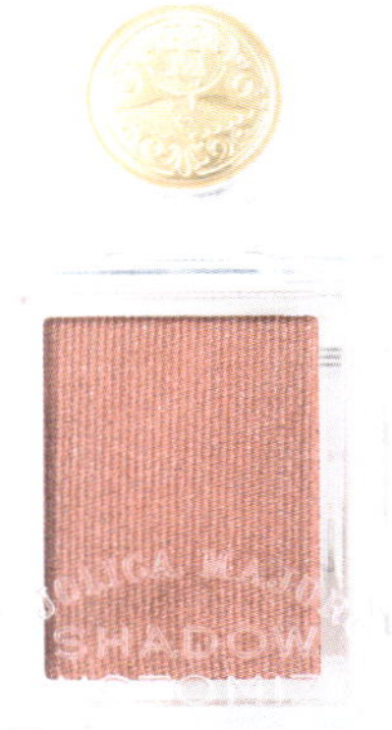

ほんのり華やかさのある ブラウンメイクがしたいときに

うるおいを与えるスキンケア機能搭載。重ねても厚みを感じない、洗練さをまとうジュエリーのようなゴールドパレット。

アディクション ザ アイシャドウ パレット ＋ Timeless Gold ¥6,820／アディクション ビューティ

Eyebrow
アイブロウ

眉はふんわりやわらかな仕上がりを目指して垢抜け感アップ

眉は印象を左右する大事なパーツ。やわらかい雰囲気にするため、主張が強くなりすぎないふんわり眉に仕上げます。眉と目の距離を狭くするため、眉下の位置を下げるように土台となるラインを描くのがコツ。パウダーと眉マスカラで明るめ眉にして、垢抜けた印象に♪

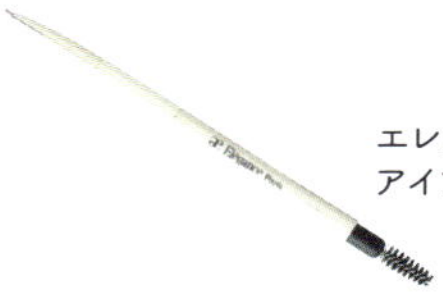

エレガンス
アイブロウ スリム BR25

眉の生えグセを整える

スクリューブラシで眉頭から眉尻に向かって軽いタッチで毛流れを整える。このひと手間で美しい眉になる。

土台となる眉下から描く

ペンシルで眉下のラインから描いていく。眉頭が濃くなると違和感が出るので、少し空けて描き始める。

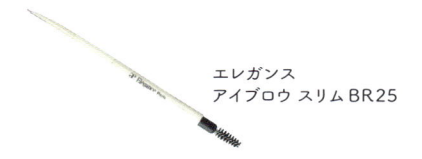

3

下のラインを足してキリッと

毛が足りないところを埋めていくような感覚で、眉頭から眉尻に向かって水平気味に少しずつ描き進める。

4

あごを上げて描く

描き慣れていない場合は、あごを少し上げてみる。眉下が捉えやすくなるのでおすすめ。

キャンメイク
ミックスアイブロウカラー C01

眉尻を描き足す

眉尻が足りない場合は、ペンシルで足す。眉尻は小鼻脇から目尻の延長線上を目安にして長くなりすぎないようにする。

眉頭には明るい色をのせる

空けておいた眉頭は、眉よりもワントーン明るい色をブラシにとり、力を入れずぼかすようにのせる。

キャンメイク
ミックスアイブロウカラー C01

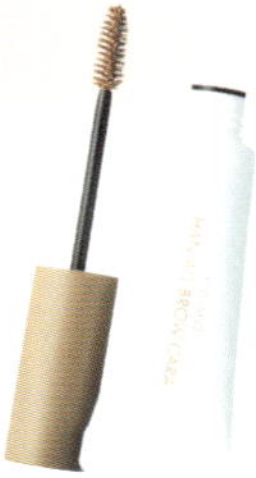

ロムアンド
ハンオールブロウカラ 03

パウダーで眉全体を埋める

眉色に合わせるように色を調節し、毛の足りないところを埋めるように眉の上下の幅を整える。

眉マスカラで明るく整える

眉マスカラはベタっとつかないように、毛先につける程度に。毛流れに沿って少量を軽いタッチで塗布する。

＼ 眉の完成！ ／

眉と目の幅が狭くなり、きゅっと引き締まった印象に。アイブロウパウダーと眉マスカラでふんわり明るい眉にすることで、一気に抜け感のあるナチュラルな眉に仕上がりました！

CHECK!

眉は左右の形が微妙に違っています。私の場合は、左の眉が少し下がり気味。至近距離で眉を描くと、完成したときに左右の眉の形が違っていることが！　必ず鏡を引いた状態で、どんな眉にしたいか、左右のバランスがとれているかを確認しながら描きましょう。

ゆきりんのお気に入り！

FAVORITE ITEMS

アイブロウ

さっとつけるだけでぱっと垢抜け眉に！

ひと塗りで、ブリーチしたようなニュアンス眉にチェンジ。1本1本ダマにならずに、自然な毛流れをキープする。

ロムアンド ハンオールブロウカラ 03 ¥1,210／韓国高麗人蔘社

自分好みの色に調整してふんわり明るい眉に

高発色なパウダーをふんわりのせ、やさしい印象に仕上げるチャームピンク。ベーシックな眉もトレンドの眉もこれ1つで完成。

キャンメイク
ミックスアイブロウカラー C01
¥660／井田ラボラトリーズ

極細ペンシルで繊細なラインが描きやすい

スムーズな描き心地の極細芯で思い通りの眉に。肌への密着感が優秀で、テカリや色消えなどの崩れがないのも◎。

エレガンス アイブロウ スリム BR25 ¥4,180（セット価格）／エレガンス コスメティックス

Eye Line
アイライン

なじみのよい
ピンクブラウン系の
アイラインで引き締める

AKB時代はとにかく“盛り盛り”のアイメイクをしていました。最近は引き算してナチュラルに。とくに目もとは無理なく、ほどよく盛ることを目指しています。アイラインはピンクのアイシャドウになじむように、ピンクブラウン系で、土台となるラインを入れていきます。

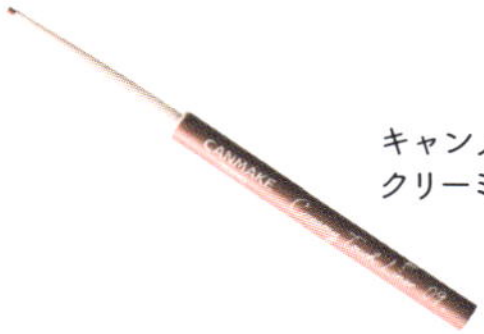

キャンメイク
クリーミータッチライナー 09

1 土台となるアイラインを描く

目を開けたまま目の形に沿って、黒目の外側から目尻はややはみ出すくらい長めに、細くラインを入れる。

2 目尻をぼかしてなじませる

目尻に入れた終着点はベタッとなりやすいので、爪や綿棒で軽くちょんちょんとおさえてなじませる。

※アイラインの仕上げはP74で！

Lower Eyelid

下まぶた

笑ったときにここに
涙袋が
あったらいいな
というところにつくる

目もとをぷっくりさせて愛らしく見せるために、涙袋をメイクでさりげなく強調することも大事なポイント。目のキワに入れると重心が上がってしまうので、偽装する気持ちで、本来の涙袋より下に描いて！　目の位置を下に、目の幅を広く見せるようにしています。

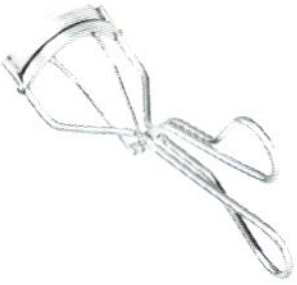

資生堂
アイラッシュカーラー

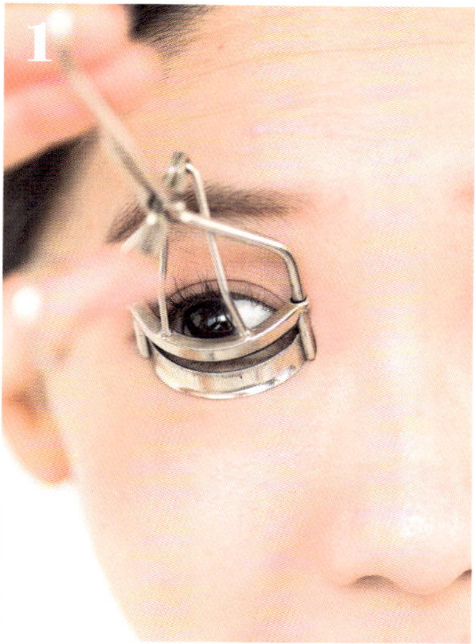

下まつ毛をくるんとさせる

アイラッシュカーラーで下のまつ毛の根元を挟み、ぐっとテンションをかけてくるんとカールさせる。

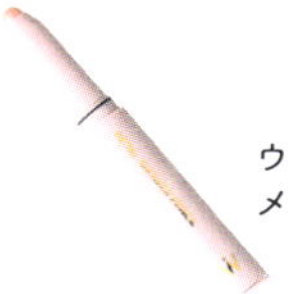

ウォンジョンヨ
メタルシャワーペンシル 02

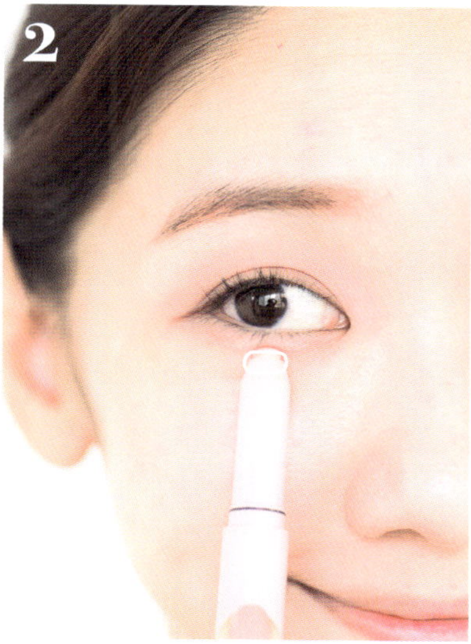

涙袋を細く入れる

P53で入れたアイシャドウの下、黒目のやや外側に水平のラインを描く。縦に倒して持つと細く描きやすい。

upink
シャインオンステージ
アイパレット 01

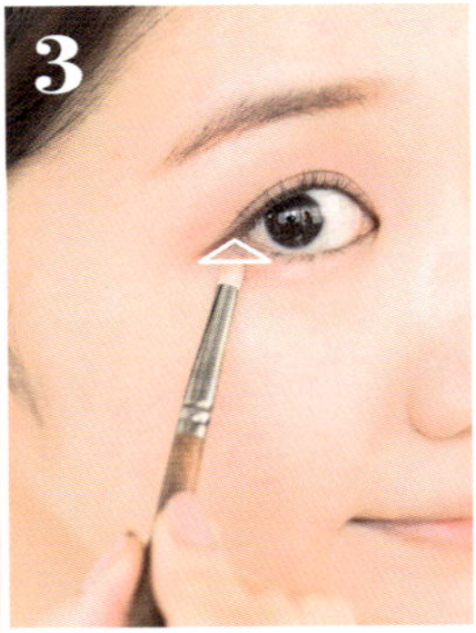

下まぶたに影を入れる

★を細い筆にとり、目尻の部分に三角を描くようにのせる。これで目尻の幅が広がる。

平行ラインを入れて目の位置を下げる

★を細い筆にとり、黒目の下から目尻まで平行気味に引く。上げて描かないこと。

ここのラインを目安に描いていく。目の形に沿って描くと、ラインがどんどん上がっていくので注意！

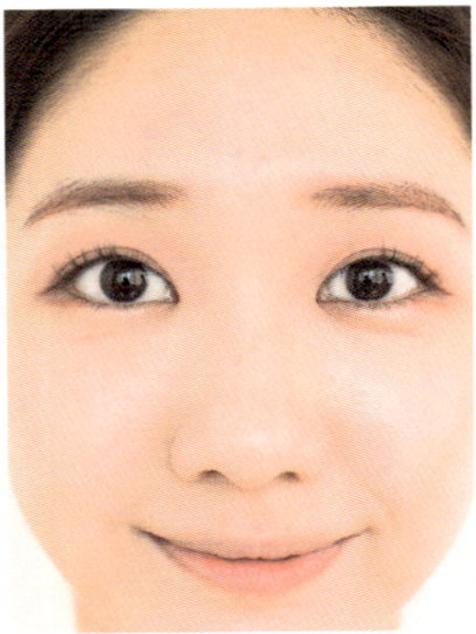

目の位置が下に下がり、小顔効果がアップ。

※下まぶたの仕上げはP74で！

ゆきりんのお気に入り！

FAVORITE ITEMS

アイライナー

にじみにくく
目もとがぐっと際立つ

1.5㎜の超極細芯でするするととろけるような描き心地。血色感を与えてナチュラルに仕上げるテラコッタピンク。

キャンメイク
クリーミータッチライナー 09
¥715／井田ラボラトリーズ

コンシーラー

マットな質感の涙袋が
ほしいときはコレ！

韓国で見つけたペンシルタイプのコンシーラー。細いラインが描きやすく、崩れにくいので涙袋を描くときに最適。口もとのくすみカバーなど万能に使える。

マステブ スポットイレイサーコンシーラーペンシル
（本人私物）

アイシャドウ

するする描けて
ぷっくり涙袋に！

涙袋メイクが簡単にできるよう開発されたペンシル。キラッと輝く、使いやすい王道のライトベージュ。高密着で落ちにくいのも◎。

ウォンジョンヨ
メタルシャワーペンシル 02
¥1,650／Rainmakers

Eyelashes
まつ毛

根元からくるんと上げて ふさふさのまつ毛で 華やかな目もとに

まつ毛は時間をかけてとことん理想の形に仕上げています。長さとボリュームを出して、くるんと上がっているまつ毛が好き。ふだんはマスカラを２本使いしています。根元からまつ毛の隙間を埋める感覚で塗っていくと、まつ毛がふさふさになり、目もとがはっきりします。

デジャヴュ
ラッシュアップE ブラック

upink
フェアリーカールマスカラ ブラック

マスカラを根元から塗る

アイラッシュカーラーでまつ毛を持ち上げ、マスカラを根元からたっぷり塗る。毛先はすっと抜くように動かして、ダマになったらあとでホットビューラーで調整。

ボリュームと長さを与える

下まつ毛はとにかくボリュームと長さが大事。ファイバー（繊維）配合のマスカラで何度も重ね塗りをする。

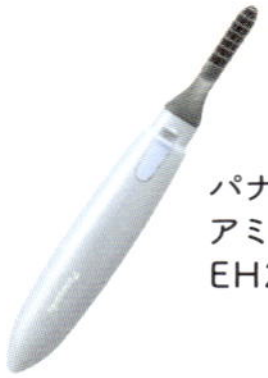

パナソニック
アミューレ まつげカーラー
EH2380P

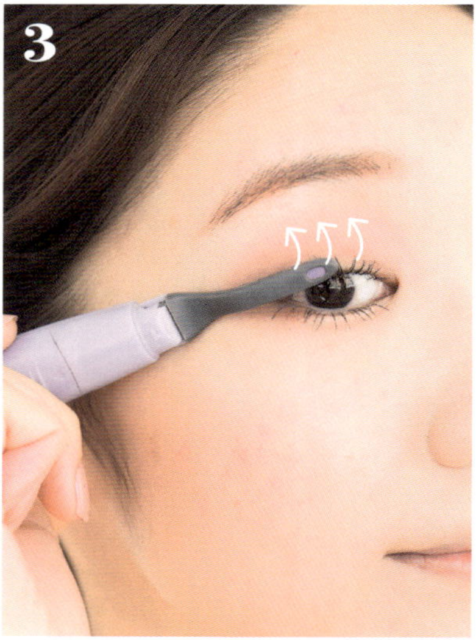

ホットビューラーでキープ

ホットビューラーで毛流れが外側にいくようにクセづけする。熱を与えてキープすると断然もちがよくなる。

下まつ毛は下向きに

たっぷりマスカラを塗った下まつ毛は、頬の長さが少しでも縮まって見えるように、下向きに整える。

ゆきりんのお気に入り！

FAVORITE ITEMS

カールのもちをよくして上向きまつ毛に！

ホットビューラー

温めてカールをクセづけし、ダマを整えてすっと上向く理想のまつ毛に。メイク直しのときにも便利。

パナソニック アミューレ まつげカーラー EH2380P ¥2,750（編集部調べ）／パナソニック

マスカラ

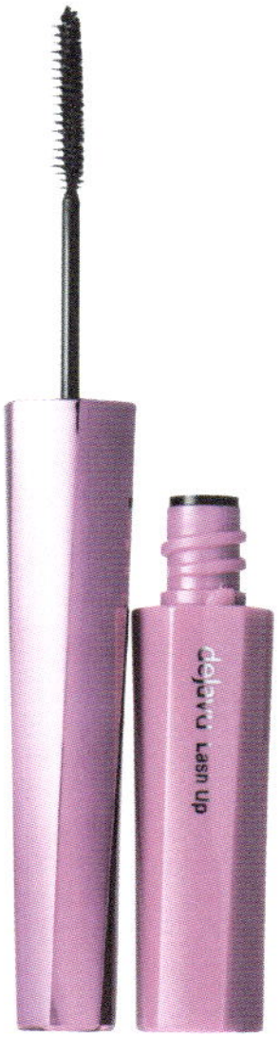

極細ブラシで下まつ毛にも塗りやすい！

ブラシは最短1.5㎜の短さで、断面を三角にすることで目尻や下まつ毛など塗りにくかった細部までしっかりととらえることができる。1日中にじまない。

デジャヴュ
ラッシュアップE ブラック
¥1,320／イミュ

くるんと上がったまつ毛を1日キープ！

塗りやすくてダマにならないマスカラ。カールキープ力が高く、ふだんのメイクならこれ1本でもばっちりキマる。2本使いするときはベースとしても活躍。

upink
フェアリーカールマスカラ
ブラック
¥1,100／Rainmakers

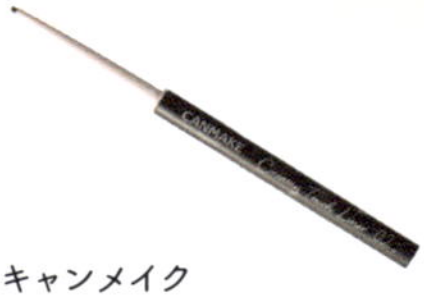

キャンメイク
クリーミータッチライナー 02

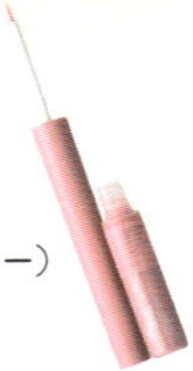

エテュセ
アイエディション
（グリッターライナー）
うさぎピンク
※生産終了予定

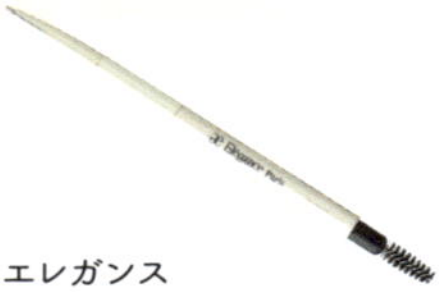

エレガンス
アイブロウ スリム BR25

アイライン（P65）、
下まぶた（P68）の
続き！

目幅をきゅっと狭くする

目頭から黒目の中心までまつ毛の隙間を埋めるようにアイラインを細く入れて、引き締める。

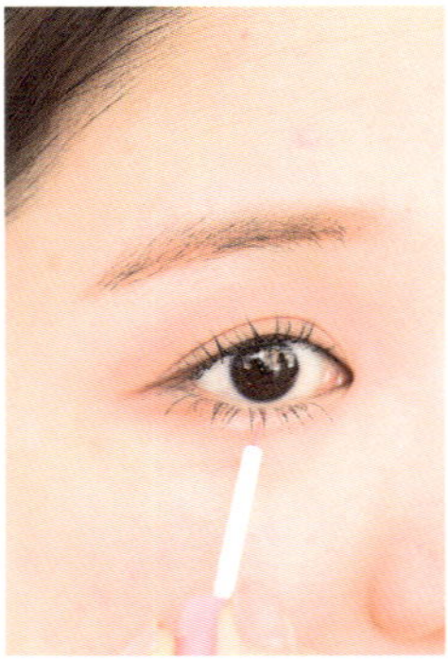

黒目の下をキラッとさせる

黒目の下（涙袋の上）にラメ感のあるグリッターライナーを入れる。ここがキラリと光ると可愛さアップ。

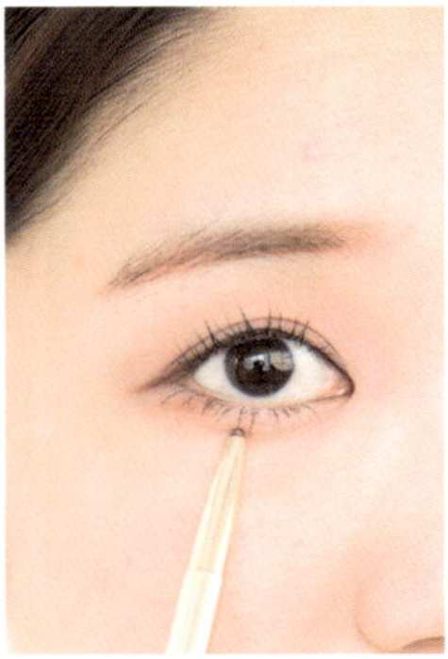

影を仕込んで涙袋を強調

アイブロウペンシルで涙袋の下に薄くラインを引き、影をつくる。これで涙袋が強調される。

ゆきりんのお気に入り！
FAVORITE ITEMS

アイライナー

ブラウンのラインできゅっと引き締め

P69で紹介したペンシルアイライナーの色違い。ブラックよりもやさしく目もとを引き立てるミディアムブラウン。

キャンメイク クリーミータッチライナー 02 ¥715／井田ラボラトリーズ

大人っぽくしたりアクセントをつけたいときに

乾くとペンシルアイライナーで引いたようなマットな仕上がりに変わる珍しい処方。肌なじみがよく自然に目力アップ。

upink ベルベットリキッドアイライナー
ダークブラウン ¥1,320／Rainmakers

グリッターライナー

ちょんちょんとのせるとうるうるした瞳をつくる涙袋グリッター。派手すぎない抜け感のある血色ピンク。

エテュセ アイエディション（グリッターライナー）
うさぎピンク ¥1,540／エテュセ ※生産終了予定

繊細なパールで目もとを可愛く盛る！

＼ 目もとの完成！ ／

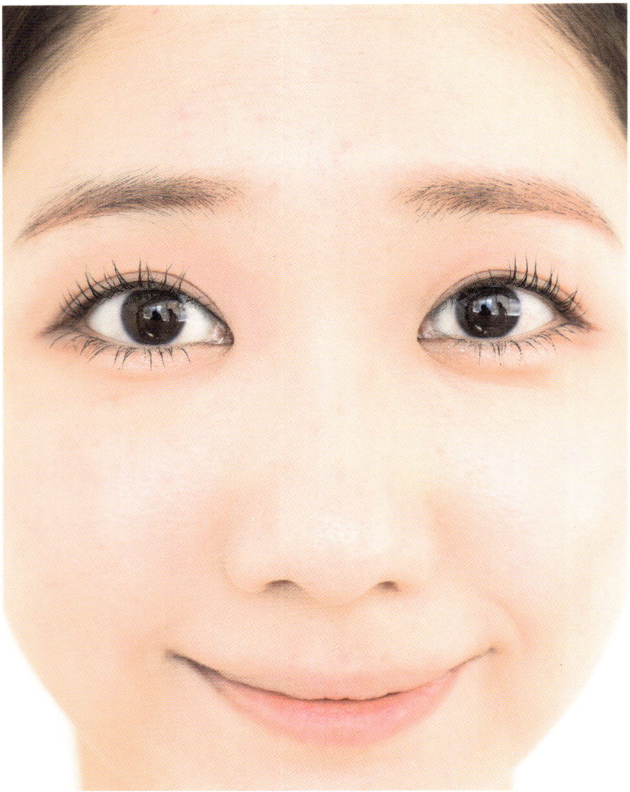

くるんとカールアップされた長くボリュームのあるキレイなまつ毛とぷっくりした涙袋で大人に似合うピンクのワントーンメイクに♪
やりすぎない自然な雰囲気で目力アップに成功！

Cheek & Highlight
チーク & ハイライト

ふんわり薄く小さく チークを入れて 多幸感をアップ

チークはほんのり血色よく見える程度に、淡いピンクをふわっと薄くのせています。濃く、広い範囲に入れてしまうと頬が目立ち、顔が長く見えるような気がするので小さく入れて、可愛さを引き出しています。ハイライトは動いたときにツヤッと見える位置に入れて輝きを。

ネーミング
フラッフィー
パウダーブラッシュ 03

グリント
ビディボブ ハイライター 05

チークは頬の内側に

指でＬ字をつくり、頬に当てる。Ｌ字の内側を目安に、狭い範囲にさりげなく入れることで小顔効果を狙う。

1 薄くふわっと淡く入れる

ハイライトブラシに淡い色のチークをとり、ふんわり薄くのせる。

2 ハイライトでツヤ感を

目尻と口角を結んだ線上の頬の高い位置にハイライトをのせて、立体感を演出する。動いたときに肌がツヤッと見える位置を狙って入れると効果的。

ゆきりんの
お気に入り！

FAVORITE ITEMS

チーク

じんわり発色で
ほのかに血色アップ！

自然に染めたようなさりげない発色。毛穴や凹凸をカバーしながら、エアリーな仕上がりに。さわやかなピーチピンク。

ネーミング フラッフィー
パウダーブラッシュ 03 ¥1,650
／Rainmakers

素肌のようになじんで
ほんのり頬が明るくなる！

粒子の細かいパウダーが肌にピタッと密着。美肌フィルターをかけたようなふんわりやさしい頬に。やわらかなベビーピンク。

アピュー
パステルブラッシャー
PK07 ¥1,100／
ミシャジャパン

ハイライター

細かなラメが可愛い！
華やかな立体感をプラス

ほんのりパール感のあるピーチカラーで血色のよい輝きをプラス。チークやアイシャドウとしても使える。

グリント
ビディボブ ハイライター 05
¥2,200／韓国高麗人参社

ナチュラルな
ツヤがほしいときに

軽やかな繊細パールが心地よくなじみ、透明感がアップ。しっとり感をプラスして、もともとツヤがあるような肌に見せてくれる。

ミュアイス うるみハイライター 01 ¥968／
Rainmakers

Lip
リップ

リップをラフに重ねて
ぷっくり、ふっくら
ジューシーな唇に

リップは単色よりも重ね塗りするのが好き。ツヤツヤのグロスを重ねて、ジューシーな唇に。唇が薄いほうで、さびしく見えないように、ややオーバー気味にしてふっくら見せています。輪郭に沿ってキレイに塗らず、ポンポンとラフに塗り、立体感を出すのがこだわりです。

upink
リップクリーム

ビーアイドル
つやぷるリップR 102

唇を保湿して整える

リップクリームで唇全体を保湿する。縦ジワや乾燥をカバーしておくとリップののりがよくなる。

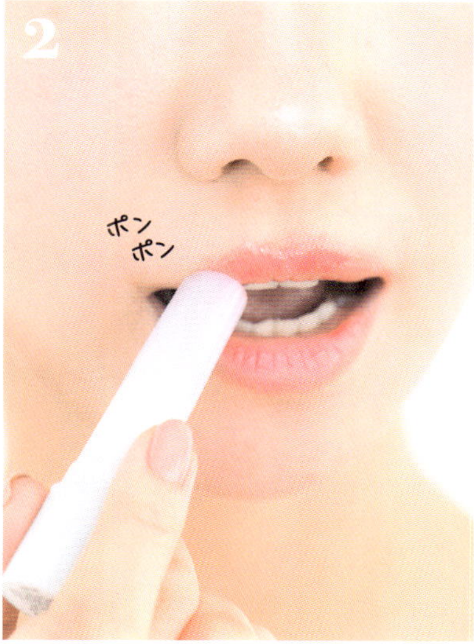

オーバー気味に塗る

中心からポンポンと軽く叩くように少しずつ縁取りながら塗る。唇が薄いのでオーバー気味にしておく。

ナチュラルにしたいときは
ここで完成！

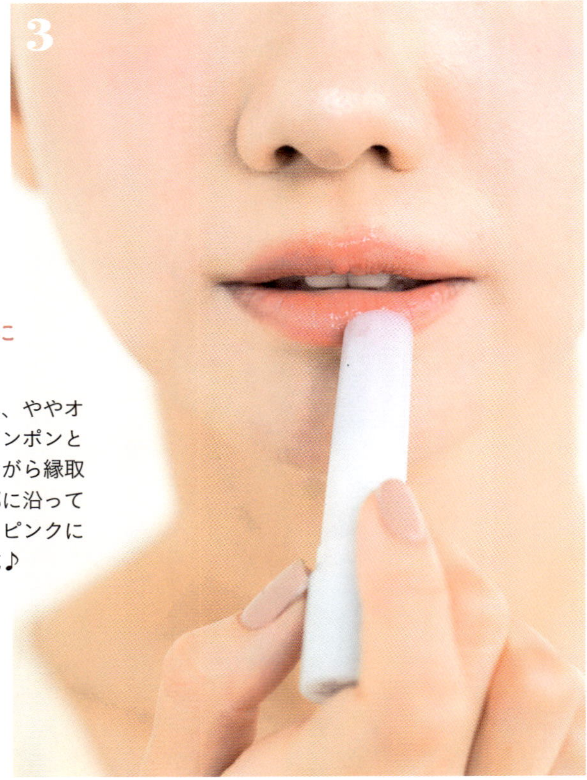

下唇は輪郭に沿って

下唇は中央のみ、ややオーバー気味にポンポンと叩くようにしながら縁取る。ほかは輪郭に沿って塗る。ほんのりピンクに色づく唇の完成♪

NARS
アフターグロー
センシュアルシャイン
リップスティック 321

より華やかな唇に
したいときは重ねづけ！

唇の中央のみ重ねづけ

上下の唇の中央のみ、シアーに色づくリップをポンポンと重ねる。立体感のあるぷっくりした唇に。

ロムアンド
グラスティング
カラーグロス 02

グロスでツヤ感をプラス

さらにほとんど色がつかないリップグロスを唇全体に重ねる。これでツヤ感がアップする。

＼ ポイントメイクの完成です！／

たくさん研究してたどりついた、私の鉄板メイクです。盛り盛りにするのではなく、大人ならではのナチュラルさが出せるよう、ひとつひとつのプロセスをじっくりていねいに、必要な部分にキレイに足していく感じです。

ゆきりんの
お気に入り！

FAVORITE ITEMS

リップ美容液

くすみをケアして
ふっくらした唇に

長時間乾きにくく、1日に何回も塗り直す必要がないほどのうるおい力。

ザ・レチノタイム
リンクルリップエッセンス ¥1,320
／マツキヨココカラ＆カンパニー

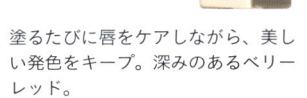

リップクリーム

ベタつきにくくリップの
下地としても優秀

上からリップカラーを重ねても響きにくいさっぱりとしたテクスチャー。さわやかな香りで、塗るたびに気分がリフレッシュ。

upink リップクリーム ¥1,100（数量限定）／
Rainmakers

リップスティック

ひと塗りでぱっと
顔を明るくしてくれる

つけたての色がそのまま持続する落ちにくいリップの定番。お気に入りのピンクレッド。

ケイト リップモンスター 01
（WEB限定色）¥1,540（編集部調べ）
／カネボウ化粧品

軽やかな塗り心地で
大人っぽい唇に

塗るたびに唇をケアしながら、美しい発色をキープ。深みのあるベリーレッド。

NARS アフターグロー センシュアルシャイン
リップスティック 321 ¥4,730／
NARS JAPAN

ゆきりんのお気に入り！

FAVORITE ITEMS

ツヤリップ

青ラメ入りのカシスピンク 大人可愛い唇に

色もツヤもうるおいもカバーできるリップオイル。もっちりしたテクスチャーでベタつかず高保湿。ぷるんとした唇に。

upink
デュードロップリップオイル 02
¥1,320／Rainmakers

色もちが抜群で “つやぷる”が続く

1度塗りでシアー、重ねて色気のある発色に。保湿膜をつくることで、ツヤ感や色もち、唇のケアを同時に叶える快適なつけ心地。

ビーアイドル つやぷるリップR 102（数量限定）
¥1,540／かならぼ

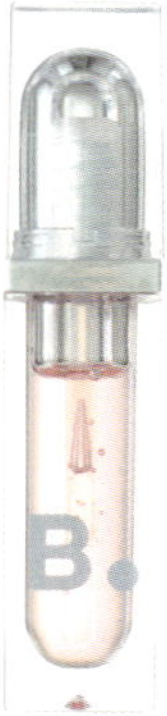

めっちゃ痛いけれど 唇がぷるんぷるんに！

韓国で話題！ 独自のプランピング成分で塗った瞬間、ふっくらとしたボリューム唇に。痛みがあるので、少量を唇に塗るのがコツ。透明感のあるキラキラリップ。

バニラコ ボリュームリッププランパー
（本人私物）

うるおいのヴェールで ツヤ感を増し増しに！

重たくならず、唇の縦ジワをなめらかにしながら、コーティングしたようなツヤ感をプラス。ナッツのようなふんわりヌーディーベージュ。

ロムアンド グラスティングカラーグロス 02
¥1,320／韓国高麗人參社

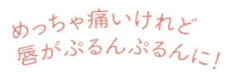

Pick Up!

ブラシの使い分けでメイク上手になる！

細かい部分まで
ムラなく塗ることができたり、
肌にしっかり密着するので
メイクが崩れにくくなったり。
ブラシをパーツごとに
使い分けることでメイクの
出来栄えが格段に
よくなります。
ごく一部をご紹介♪

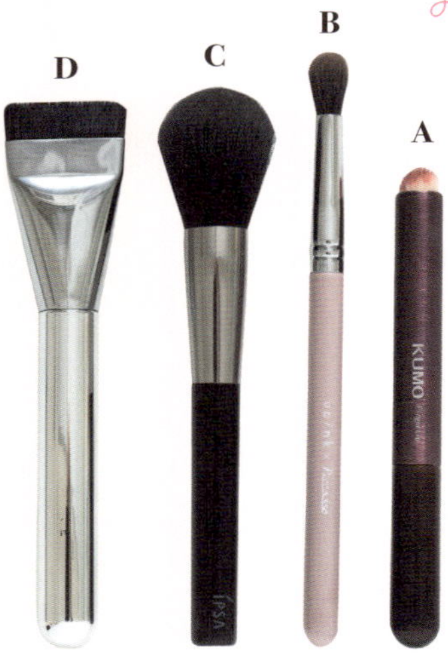

A KUMOのリップブラシ
B upinkのノーズシャドウブラシ
C IPSAのチークブラシ
D WAKEMAKEのファンデーションブラシ

E KATEのコンシーラーブラシ
F Ancci brushのシェーディングブラシ
G Ancci brushのシェーディングブラシ
H Ancci brushのアイシャドウブラシ
I Ancci brushのアイシャドウブラシ

PART 3

なりたい自分になれる
コンプレックス
解消メイク

近距離でも安心！

いちご鼻の解消メイク

POINT

毛穴の凹凸に埋め込むように
毛穴カバー下地を塗る

ファンデやコントロールカラーを
薄く重ねて、追いカバー！

厚塗りするとヨレの
原因になるのですべて少量に！

中学生のときから悩まされている鼻の毛穴。いちごの種のようなブツブツが……。スキンケアや生活習慣で改善しようとしてきたけれど、やっぱり完全には消えません。そこでたどりついたのが、私なりの毛穴レスメイク。嘘みたいにキレイにカバーできて、１日中崩れることなく、つるん肌をキープできます♪

upink
ポアレスフィットプライマー

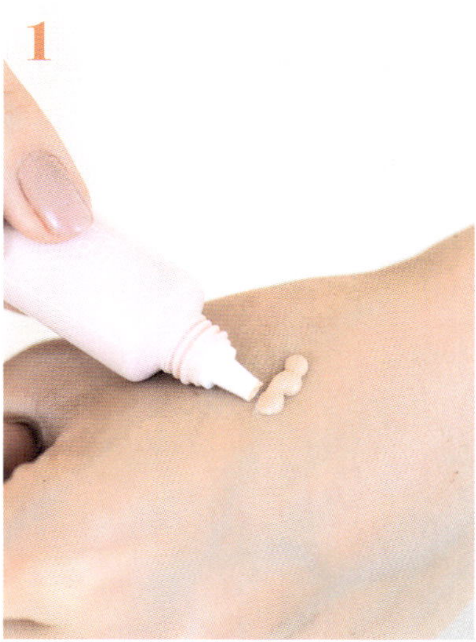

毛穴カバー下地を少量出す

肌なじみのよいピンクベージュの毛穴カバー下地を手の甲に出す。少量を指にとり、少しずつ塗っていく。

左右に動かして塗りこむ

右から左に、左から右に、指をちょんちょんと動かして、下地を毛穴に埋め込むような感覚で塗る。

下地を塗っただけでも
こんなにキレイに！

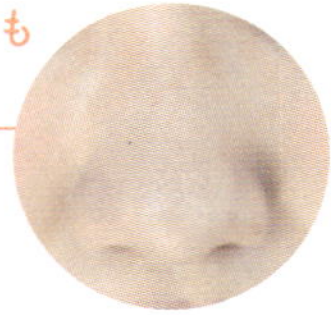

上下に動かして徹底的に

さらに指を上から下に、下から上に小刻みに動かして、気になる毛穴に下地を塗り込んでいく。

毛穴の凹凸をなくしていく

指をくるくる動かしながら、塗り込んで毛穴の凹凸をていねいにカバーしてなめらかな肌に整える。

RMK ラスティング
ジェルクリーミィ
ファンデーション

ジバンシイ
プリズム・リーブル・
スキンケアリング・コレクター
グリーン

グリーンのコントロール
カラーで赤みカバー

赤みが気になる小鼻周辺はグリーンのコントロールカラーを少量のせ、薄く塗りこんでカバーする。

ファンデを少量なじませる

マットに仕上がる少量のファンデーションをとり、指でトントン叩きこむようにのせていく。

upink
カバーパーフェクトコンシーラー
ライトベージュ

コンシーラーで追い塗り！

さらに気になるときは、コンシーラーを少量塗る。たくさんのせるとヨレの原因になるので塗りすぎない。

エレガンス
ラ プードル オートニュアンス

フェイスパウダーで完了

サラサラ系のフェイスパウダーを少量筆にとり、やさしく磨くイメージでのせていくとつるん感が出る。

ここまでカバーできれば、カメラを向けられても、近距離で人と会話をするときも安心。つるんとなめらかな肌が1日中キープできます。毛穴に埋め込むように塗っているので、夜のクレンジングはしっかり行いましょう。

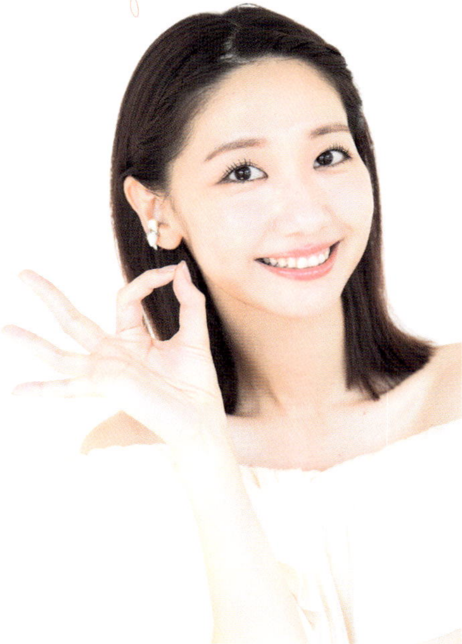

Before

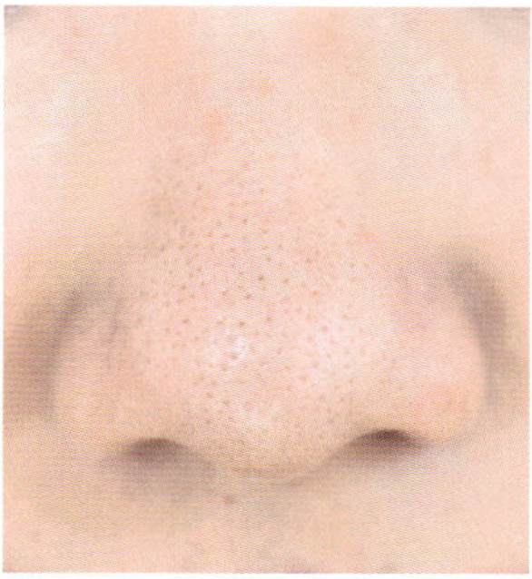

After

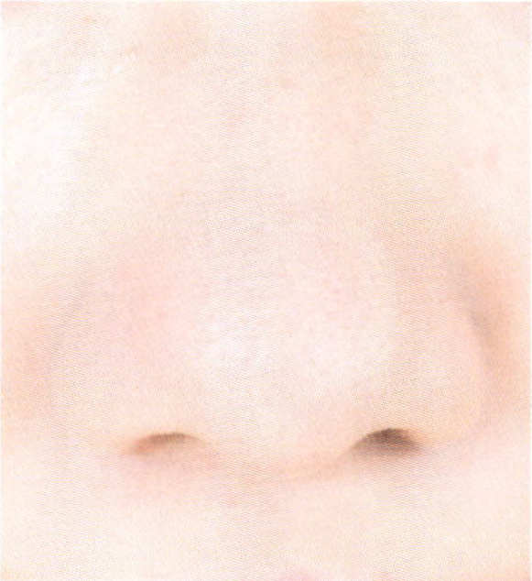

鼻を細く、高く、短く!

骨格を美しく見せるメイク

POINT

鼻筋にハイライトを入れて
光の効果で高く見せる

鼻筋以外はシェーディングで
影をつくり彫りを深く見せる

ハイライトはラメが入っていない
仕上がりが自然な白を選ぶ

メイクはより可愛く、より素敵に見せる力があるけれど、私の場合はコンプレックスをカバーするテクニックを研究してきました。幅広な鼻が昔から気になっていて、少しでも細く高く短く見えるよう工夫しています。少しずつ慎重にのせていき、もし失敗したら、手でぼかしながら進めてみてください。

upink
グロウアップコントゥアパレット 01

鼻の先に
ハイライトをのせる

鼻と鼻の横、眉頭の下にフェイスパウダーをのせ、しっかり油分を抑えておく。細筆にハイライト（☆）をとり、鼻の頂点にのせて高さを出す。下すぎるとその分鼻が長く見えるので、あくまで頂点に。

エレガンス
ラ プードル オートニュアンス

鼻筋にハイライト

目の高さぐらいから、縦に細くハイライトでラインを入れる。これで鼻筋がすっと通って見える。

シェーディングにパウダーを混ぜる

ここからシェーディング（★）を入れていく。少量のフェイスパウダーと混ぜながら使うと崩れにくくなる。

シェーディングでとがり鼻に

1で鼻の頂点に入れたハイライトを避け、鼻先にV字にシェーディングを入れる。ここに影をつくることで、鼻先が強調されてツンととがった鼻に見える。

鼻筋の立体感アップ

1（鼻の頂点）と 2（鼻筋）のハイライトの間に、横にすっとシェーディングを入れる。

鼻横に影を入れる

2で入れた鼻筋のハイライトの両脇に細くシェーディングを入れる。これでより鼻の高さが引き立つ。

○ ハイライト
○ シェーディング

7

ここまでのおさらい！ ハイライト&シェーディングの位置を確認

影でくぼみをつくる

眉頭あたりから鼻根の横にシェーディングを入れる。6で入れた鼻横のシェーディングにはつなげない。つなげてしまうと鼻が長く見えるので避けること。

キャンメイク
ミックスアイブロウカラー C01

濃い影で鼻をよりとがらせる

アイブロウパウダーの濃い色を細筆にとり、4で鼻先のV字に入れたところに点で置き、濃い影をつくる。

彫りを深くして鼻を高く

眉頭の下にものせる。よりくぼませて鼻を高く見せる。つけすぎたときは手でぼかしながら進める。

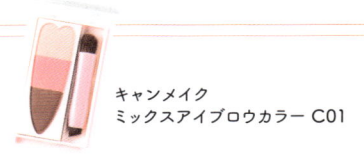

ハイライトとシェーディングの効果で、前から見ても、横から見ても、すっと通った鼻が完成しました。「もっとこうしたい！」「こうだったらいいな！」を叶えてくれるのがメイク。気になる部分をうまくカバーできると、テンションが上がって1日ごきげんでいられます♪

Before

After

面長さん必見！

小顔に見せるメイク

POINT

目の縦幅を広げて
頬から下を短く見せる

赤茶系のアイシャドウで
目の重心を下げてタレ目に見せる

下まつ毛は下に下げて、
下げた目の重心を強調する

私の骨格はどちらかというと面長さん。面長もチャーミングポイントのひとつだし、悪いわけではないけれど、目から下の顔の長さをきゅっと短く見せられたらいいなとずっと思っていました。ポイントは、アイメイクをするときに下まぶたの色ののせ方を工夫すること。小顔に見せる方法をご紹介します。

デイジーク
シャドウパレット 27

下まぶたの重心を下げる

マットなピンクブラウン系のアイシャドウ（★）を細筆にとり、目頭から黒目の外側くらいまでのキワに入れる。

コンシーラーは目のキワを外す

目のキワにコンシーラーを入れるとまぶたが上がって見えるので、筆を当てた部分より上には入れない。

デイジーク
シャドウパレット 27

2

影で目の位置を下げる

さらに淡いブラウンのアイシャドウ（★）を細筆にとり、目尻下側のキワに入れる。これで影ができて、目の重心が下がって見える。

upink
シャインオンステージ
アイパレット 01

& be アンダーアイライナー
ピンクパール

さらにキワに影をつくる

ピンクパールのペンシルアイライナーでキワのギリギリのところに入れる。目頭から黒目の外側あたりまで。

目尻に締め色を入れる

締め色のアイシャドウ（★）を黒目の外側から目尻に向かって細く入れる。これでよりタレ目に見せる。

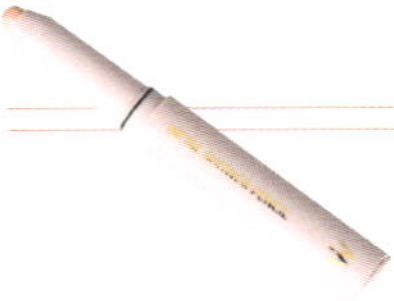

ウォンジョンヨ
メタルシャワーペンシル 02

5

涙袋の位置を下げる

1で目のキワに入れたアイシャドウの下に、水平のラインで涙袋を描く。涙袋の位置を下げることで、目から下の余白を縮める。

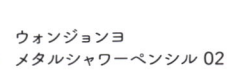

デジャヴュ
ラッシュアップE ブラック

下まつ毛を下げる

アイラッシュカーラーを逆に持ち、3回くらい根元からおさえて、下まつ毛をきゅっとしっかり下げておく。

下まつ毛は根元を強調

下まつ毛は長さが出せるタイプのマスカラで、根元を強調するようにていねいに重ね塗りしていく。

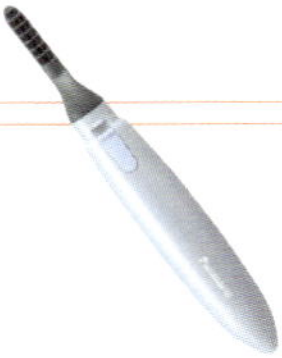

パナソニック
アミューレ まつげカーラー
EH2380P

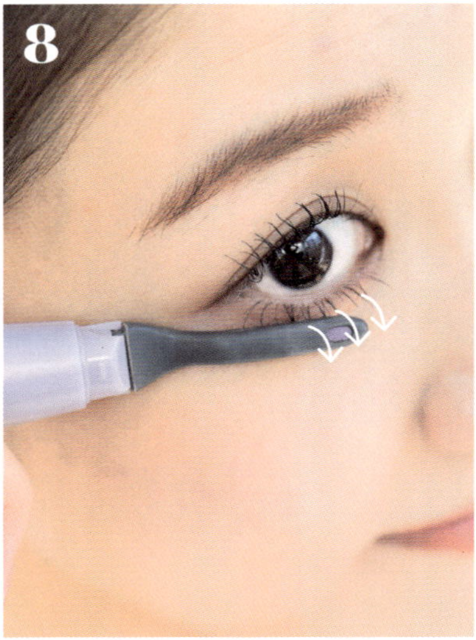

ホットビューラーでキープ

ホットビューラーで熱を与えて、下まつ毛の毛流れが下側にいくようにクセづけして、カールキープ。

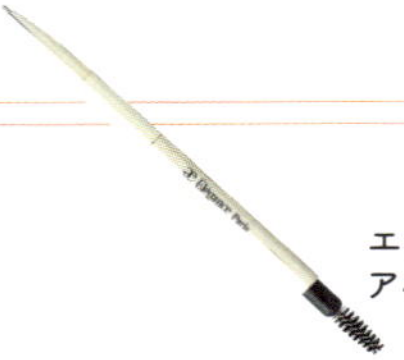

エレガンス
アイブロウ スリム BR25

涙袋の下に影を仕込む

涙袋の下に、アイブロウペンシルで細く薄くラインを入れて影を入れる。涙袋のふっくら感を強調。

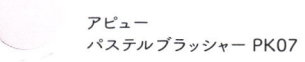

アピュー
パステルブラッシャー PK07

10 チークはうっすらのせる

チークは淡いピンクを、頬の内側に少量のせる。頬を強調すると面長感が出るのでほんのり薄くでＯＫ。

リリミュウ
シアーマットシェーディング 01

11 フェイスラインを引き締める

耳下からあごにかけて、シェーディングをふんわり入れて骨格を引き締める。骨の下に入れるようにする。

口角下に影を仕込む

細筆にシェーディングをとり、口角下からあご横に三角形を描くように入れる。これで骨格を引き締める。

小顔感をアップさせる

生え際にもシェーディングを横向きにふわりと入れて、輪郭を引き締める。これでさらに小顔感を強調する。

目の重心を下げてタレ目に見せて、面長をカバーするメイクはいかがでしたか？　P96〜103でご紹介した「鼻を細く、高く、短く」見せるメイクと一緒に行うと、より効果的です。ぱっと見は変わらないかもしれないけれど、これをするのとしないのとでは、自分の気持ちが大きく変わるんです♪

Before

After

Column 2

肌質改善のために 美容医療と上手に付き合う

ＡＫＢを卒業して少し時間にゆとりができてから、美容クリニックに定期的に通うようになりました。とはいえ、痛みが強いものがどうしても苦手。卒業コンサートの直前に思い切って挑戦したハイフと、少し前にトライしたポテンツァはわかりやすく効果があるものの、私には刺激が強く、１回で心が折れました（笑）。

最近は古い角質をオフしてくれるピーリングとエレクトロポレーションというイオン導入がお気に入り。私はテカりやすい部分とカサつきやすい部分がある混合肌。肌荒れしやすいほうですが、以前に比べて肌ざわりがよくなってきた気がします。劇的な変化はないけれど、美容医療もふだんのお手入れと同じで、コツコツ続けていくことが大事だと実感中です。肌の調子がよいとメイク時間が短くなるし、人にも褒めてもらえる。笑顔で過ごすために、上手に美容医療を取り入れていきたいですね。

PART 4

実況！
ばっちりキメたい日の
キラキラメイク

徹底的に落ちにくくしながら
いつもより華やかさを盛っていく

ここまでは、プライベートのときなどにしているふだんのメイク法をご紹介してきました。次からは、ＡＫＢ時代、ステージに立つときにしていたメイクを公開♪　ＰＡＲＴ１〜２で紹介した基本のテクニックと大きな違いはないけれど、使うアイテムをより落ちにくいものに変えたり、目もとにキラキラ感をプラスしたりしています。今でも「今日は気合を入れたい！」というときには、このメイクでテンションを上げています。大好きなアイドルのライブに行く日、夜までデートの日など、皆さんも、ここぞ！　というタイミングがあると思います。可愛さを盛り盛りにしたい日に、ぜひトライしてみてくださいね。

START

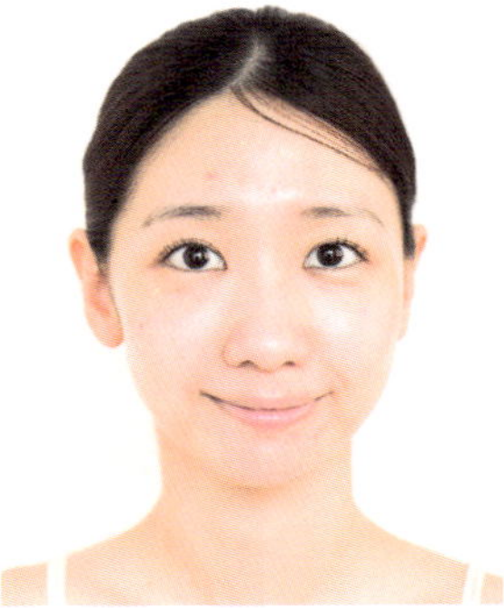

鼻の毛穴を
カバーしてから
メイク下地で
ツヤを仕込む

毛穴が目立つ部分に毛穴カバー下地をのせ、左右、上下に指を動かして凹凸を整えてから、ツヤ感を与える下地を顔全体に塗る。あとからコントロールカラーを重ねるので薄めでＯＫ。

これ使います!

upink
ポアレスフィットプライマー

クレ・ド・ポー ボーテ
ヴォワールコレクチュールn

グリーンのコントロールカラーで赤みをなくす

赤みが気になる小鼻のまわりやニキビ跡にグリーンのコントロールカラーを塗り、自然な肌トーンに整える。

これ使います！

乾燥さん 保湿力スキンケア下地 シカグリーン 30g
¥1,430／BCL

ナイアシンアミドとCICA配合。肌荒れと乾燥をケアしながら高保湿力でカバー。

5分！

イエローのコントロールカラーで頬を明るくトーンアップ

くすみを抑えて、肌を明るく調整するイエローのコントロールカラーの出番。頬に逆三角形を描くようにのせ（目の内側）、薄く広げる。

これ使います！

ウォンジョンヨ トーンアップベース 02 ライムイエロー 25g ¥1,430／Rainmekers

塗った瞬間、パンッと明るい肌に整い、なめらかで透明感のある肌に。

これ使います！

ジョンセンムル エッセンシャル ムル マイクロ フィッティング ミスト
（本人私物）

粒子の細かいミストで肌のつっぱりを解消。メイクを長時間キープする。

&be ブラックスポンジ
¥770／Clue

細部にも使いやすい、肌あたりがなめらかなコーン型のスポンジ。

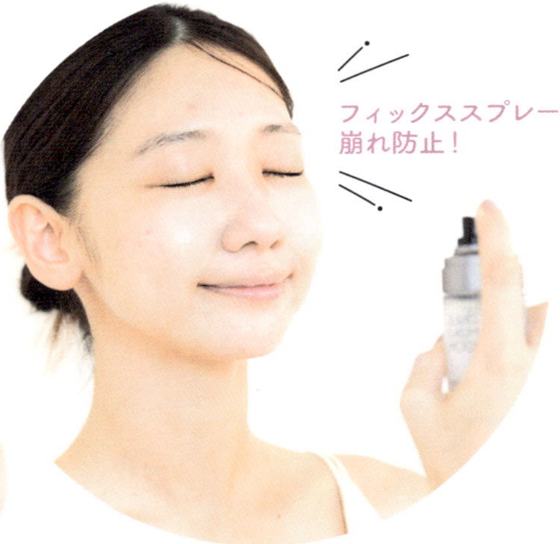

フィックススプレーで崩れ防止！

メイクを崩れにくくするフィックススプレーをこの時点で顔にシュッと吹きかける。水を含ませたスポンジでトントンと軽く叩き込むようにすると密着感が高まり、時間が経ってもヨレにくくなる。

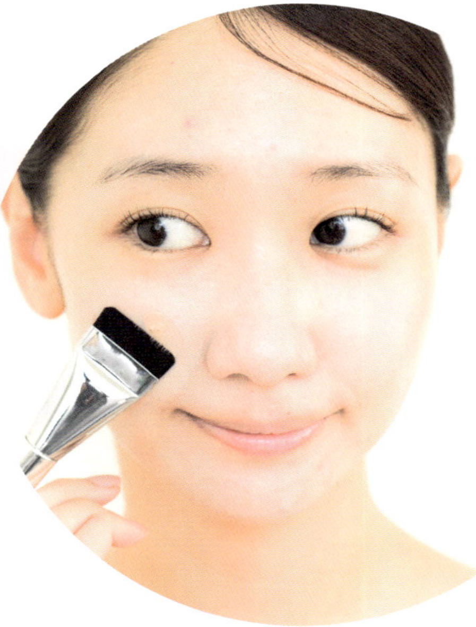

ブラシで力を入れずに薄くのばしていく！

ファンデーションを米粒大くらい手の甲にとり、ブラシでのばしていく。たくさん出して一度に塗ろうとすると、ファンデが乾燥して密着しにくくなるので、少量を少しずつ塗るのがコツ。

これ使います！

RMK ラスティング ジェルクリーミィ ファンデーション
全９色 各30g ¥6,050／RMK Division

サラサラとのび、カバー力がありながらも厚塗り感がなく、透明感あふれる肌に。

スポンジで叩いて ムラなくピタッと なじませる！

ブラシでささっとのばすときは、ムラになっていてもＯＫ。水を含ませたスポンジでやさしくトントンと叩き込みながら、より密着させる。

15分！

追いスプレーで 崩れにくさアップ！

フィックススプレーをさらに吹きかけて、より密着感を高める。このひと手間で汗をかくようなシーンでも安心。

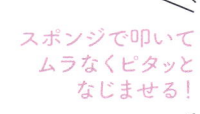

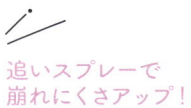

コンシーラーで目の下を明るく見せる

これ使います!

コスメデコルテ
トーンパーフェクティング パレット 00
¥4,950／コスメデコルテ
明るい肌にも絶妙になじむライトカラーのパレットで悩みを自然にカバー。

カバー力の高いコンシーラーで、クマが目立つ目の下をカバーする。目の重心を下げるため、目のキワには入れない。ニキビ跡や赤みが気になるところもカバーする。

目から上にフェイスパウダーをふんわりのせて崩れにくくする。目から下はポイントメイクの最後にのせる。

これ使います!

NARS
ライトリフレクティング
セッティングパウダー プレスト N
¥5,830／NARS JAPAN
テカリを抑えながらも自然な光沢感をもたらす、軽いつけ心地のパウダー。

20分!

ベースメイクが完成しました!

細筆にフェイスパウダーをとり、目尻の下にものせる。これでマスカラやアイシャドウが落ちてきてもにじみにくくなる。

ここからポイントメイクがスタート！

これ使います！

upink
シャインオンステージ
アイパレット 01

アイホールの目頭側1/2に★をのせる。のちに締め色をのせるので、いったんここを明るくして立体感を出しておく。

これ使います！

ウォンジョンヨ
W デイリームードアップパレット 04
¥2,420／Rainmekers

目もとと頬に使える万能カラーの7色パレット。

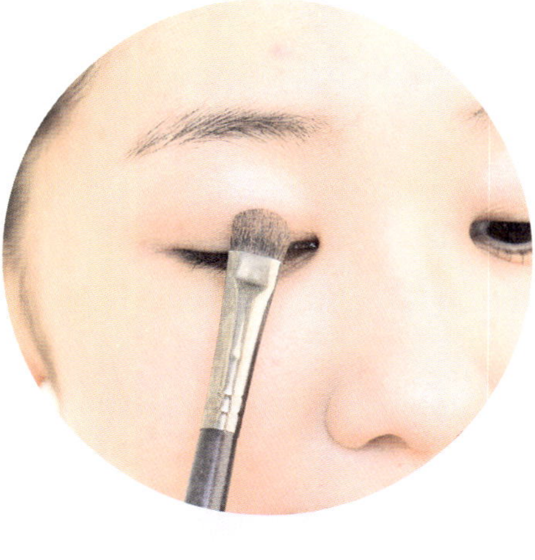

まぶたの幅1/2くらいのところに★を入れ、引き締める。目頭側をやや濃いめにのせる。土台となるアイシャドウが完成した状態。

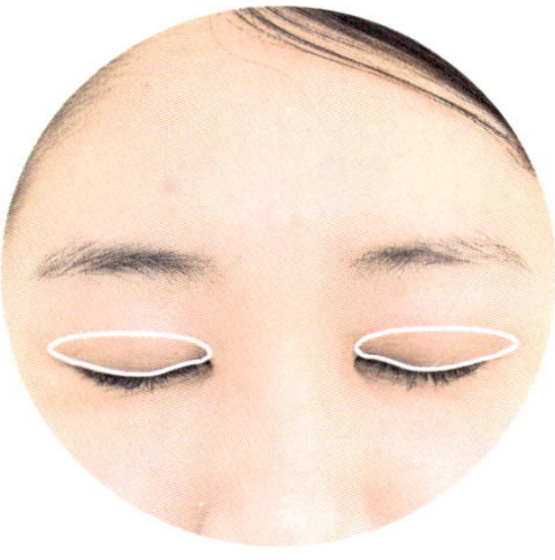

眉はほんの少し太く濃いめに！

P57～60で紹介した手順で眉を描く。いつもより華やかな目もとになるので、バランスをとるため、やや太く濃いめに仕上げる。

これ使います！

キャンメイク
クリーミータッチライナー 02

ペンシルアイライナーで黒目の外側から目尻はややはみ出すくらい長めに、細くラインを入れる。目尻の終着点は爪でなじませる。

目頭の奥からキワをラインで引き締める！

まぶた全体のキワにもラインを入れる。黒目の部分は、まつ毛と粘膜の間を埋めすぎず、ほんの少し隙間をつくるのがポイント。目に光が入り、瞳がキレイに見える。

これ使います！

&be
アンダーアイライナー ピンクパール
¥1,320／Clue

涙袋や下まぶたのキワも描きやすい、クリームタイプのグリッターアイライナー。

きらめきのあるピンクアイライナーを下まぶたの黒目の外側から目頭までキワに入れる。

これ使います！

ウォンジョンヨ
メタルシャワーペンシル 01
¥1,650／Rainmakers

ひと塗りで輝きを与えて、ナチュラルに涙袋を強調できるペンシル。

さらに下にやや太めにラインを入れて、涙袋を引き立てる。

40分！

目尻の三角ゾーンにアイシャドウパレットの★の色をのせる。

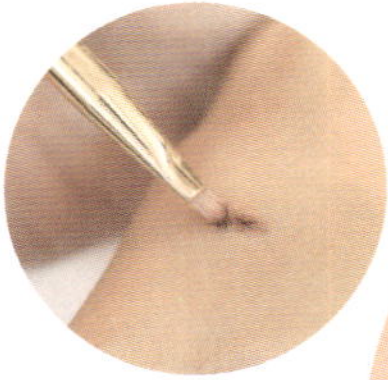

つけすぎないよう、手の甲で調節しながら★をとる。目尻の三角ゾーンの下にすっとラインを引くように入れる。

二重幅を外してまぶたの内側にラメをトントンとやさしく叩くようにしながら入れる。

これ使います！

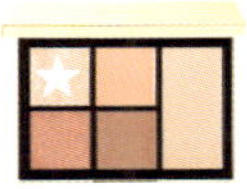

スナイデル ビューティ
フェイス スタイリスト 01
¥6,380／スナイデル ビューティ
ハイライトやマットな質感を組み合わせた万能ベージュ系パレット。

ラメを入れたら、
立体感が増してきました！

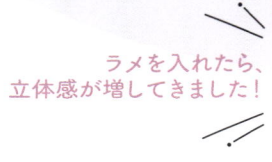

マスカラは2本使いで！

これ使います！

upink
フェアリー
カールマスカラ ブラック

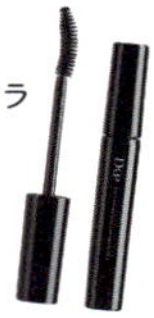

ディーアップ ボリューム
エクステンション マスカラ
¥1,650／ディーアップ
立体スクリューブラシで、ダマにならず、濃く長く、濃密なまつ毛に。

upinkのマスカラで根元から長さを出すように塗ってから、ボリュームアップタイプのマスカラを重ねてフサフサのまつ毛にする。

これ使います！

ウォンジョンヨ
ダイヤモンドライナー 01
¥1,540／Rainmekers
ピンポイントで輝きをプラスするグリッターライナー。

下まぶたの目頭のキワにグリッターライナーをちょんちょんと置くようにのせる。

これ使います!

ウォンジョンヨ
ダイヤモンドライナー 02
¥1,540／Rainmekers
P127で使用した01よりも
大粒のグリッター配合。

大粒のグリッターを黒目の下にのせる。グリッターは筆の先端部分を使い、３〜４粒を目安にのせるとキラキラ感がアップ。さらに、涙袋よりやや下の位置にアイブロウペンシルですっとラインを入れて、涙袋を大きく見せる。

これ使います!

デジャヴュ
ラッシュアップE ブラック

下まつ毛は根元からカールを下げるようにマスカラを塗る。ホットビューラーで上下のまつ毛のダマをとかして整える。これでカールのもちがよくなる。

50分!

目尻のみリキッドアイライナーを足して、ラインを際立たせる。これで落ちにくくなる。

ラインを重ねて強調!

これ使います!

デジャヴュ ラスティンファインE
ショート筆リキッド
ミディアムブラウン
¥1,430／イミュ
短めの５㎜筆で極細ラインが
するする描ける。

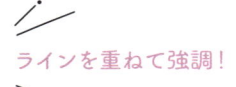

P97〜98の要領で鼻の頂点と鼻筋にハイライトを入れる。P99〜102の要領でシェーディングを入れて、鼻を細く、高く、短く見せる。

練りタイプのチークを指にとり、トントンを叩き込むようにのせる。

これ使います！

upink ドリーミーグロウチーク 02
¥1,320／Rainmekers

リップやアイシャドウにも使えるチーク。ベタつかずさらりとした仕上がり。

これ使います！

SHISEIDO インナーグロウチークパウダー 10
¥4,400／SHISEIDO

肌に自然になじみハイライトとして使えるチーク。

さらにパウダータイプのチークを重ねる。練りチークの上からのせることで密着感が高まり、もちがよくなる。

これ使います！

リリミュウ シアーマットシェーディング 01
¥1,760／コージー本舗

３色のパウダーを合わせることでなじみがよく、自然な立体感を演出。

耳下からあごに向かってシェーディングを入れ、骨格を引き締める。口角下からあご先にも細筆でシェーディングを入れて、あごをシャープに見せる。

これ使います！

upink
ウォーターシルキーリップ 01
¥1,320／Rainmekers
透明感のある発色で唇の縦ジワを目立たなくする。

唇に近い色のリップを全体に塗る。ややオーバー気味に入れて、唇をふっくら見せる。

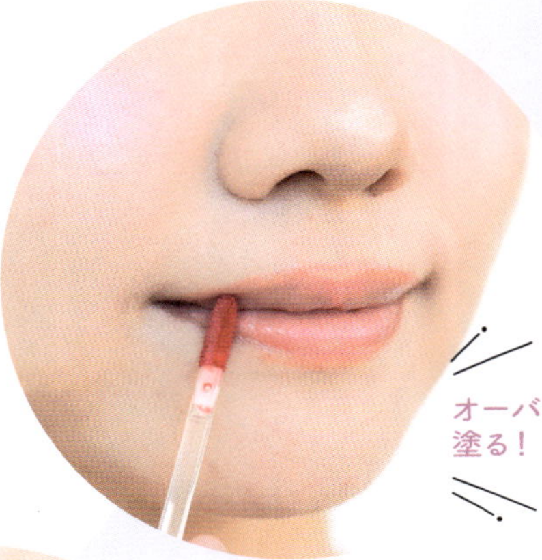

オーバー気味に塗る！

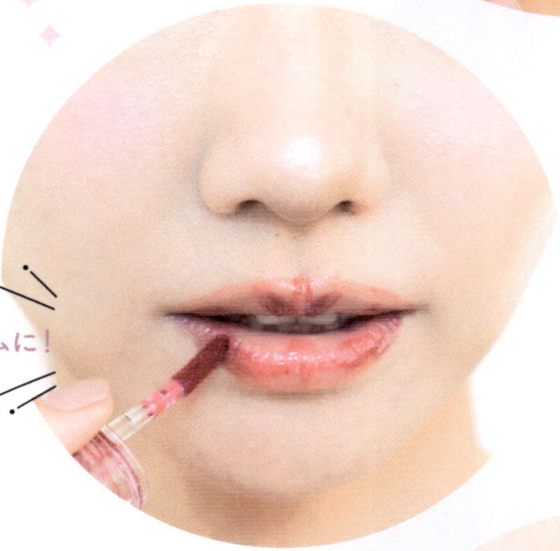

ランダムに！

これ使います！

アミューズ
ジェルフィットティント 06
¥1,650／アミューズ
ジェリーリップでもっちりした唇が長時間続く。

鳥の足を描くようにリップをランダムにのせる。

リップブラシでトントンと叩きながら、なじませる。

これ使います！

フィー
3Dボリューミンググロス B03
キャンディー 70%
¥1,760／BENOW

塗った瞬間、ボリュームアップ。ぷるんと縦ジワの目立たない唇に。

リップグロスを中央にのみ重ねて、ぷっくりジューシーな唇に仕上げる。

パールベージュのカラーコンタクトを入れ、瞳の色を変えて完成！

60分！

これ使います！

エバーカラーワンデーナチュラル
パールベージュ
20枚入り ¥2,598／アイセイ

瞳を大きく見せるカラーコンタクト。儚げな色素薄い系の目もとに。

FINISH

Pick Up!

ゆきりんの お直し用メイクポーチ

崩れにくく、もちのよいメイクをしているので、日中は必要最低限のコスメだけ持ち歩いて、ササッとお直ししています♪

upinkの「カバーパーフェクト コンシーラー ライトベージュ」

ヨレた部分にちょんとのせるだけでリカバーできます。鏡付きなので外出先で重宝。

フィーの「3Dボリューミンググロス」

唇をぷるんと可愛くさせたいときに、これをひと塗り！

エレガンスの「ラ プードル オートニュアンス」

サラサラ系のパウダーで、Tゾーンなどテカリが気になるところにオン！

NARSの「アフターグロー センシュアルシャイン リップスティック 321」

シアーな色づきなのに華やかさが出せるリップ。大人っぽくしたいときはコレ。

イプサの
「ザ・タイムR
デイエッセンススティックe」
スティック状の美容液。日中、乾燥を感じたときにさっと塗るとうるおいアップ。

コスメを入れているのは「HOTEL LIKE INTERIOR」の名前入りのキルティングポーチ。泊まりの仕事のときや旅行時にも活躍。

Pick Up!

お仕事用の
メイクポーチ

持ち手のリボンが可愛い
ファンクラブ限定でつくったメイクポーチ。
仕事用のコスメを入れて、
現場に行っています。

PART 5

ゆきりん教えて！
メイクの
お悩みQ＆A

Q

時間がないときのメイクは何を優先している？

A

肌はつくりこみたいから、アイメイクで時間短縮

以前は、完璧にメイクをしないと外に出たくないと思っていました。でも最近はこれくらいでもOKと思えるように。時間がないときは、どうしても譲れない部分を最優先しています。肌づくりと眉は必須ですが、アイメイクをシンプルにしてスピードアップ。リップは手に持って、出先で塗っちゃいます(笑)。

ゆきりん流

時短メイクの流れ

1 まずはベースメイク！

ふだん通りに、毛穴カバー下地で鼻の毛穴をカバーしてからツヤ感が出る下地を薄く塗る。さらにクッションファンデーションをポンポンと薄くのせていき、フェイスパウダーでテカリを抑えて完成。

2 眉はきっちり描く

眉はどんなに急いでいても外せない部分。眉を描いているだけでもきちんと感がアップするので、アイブロウパウダーで足りないところを足すように形を整えていく。

3 目もとはアイラインで引き締め

淡いピンクのアイシャドウをまぶたにふわりと薄くのせて目もとを明るく整える。ダークブラウン系のペンシルタイプのアイラインを目のキワに細く入れて、目もとをきゅっと引き締める。

4 鼻はハイライトですっと高く

アイメイクがシンプルな分、ハイライトで高さを出して顔に立体感をプラス。鼻の頂点と鼻筋に細くハイライトを入れる方法で、鼻を小さく、高く見せて仕上げる。

Q

長年ニキビ跡に悩んでいます。しっかり隠すにはどうしたらいい？

A

ファンデーションの前にコンシーラーを仕込む

私も同じようにニキビに悩まされてきました。繰り返しニキビができて落ち込むこともあるけれど、いろいろ試してみた結果、「メイクで隠せる！」と思うようになって少し気が楽になりました。しっかり隠したいときは、ファンデーションを塗る前にコンシーラーをのせていくと、よりキレイにカバーできます。

After

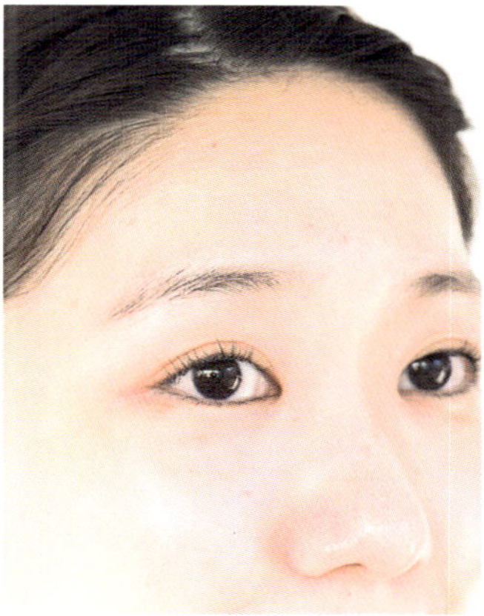

Before

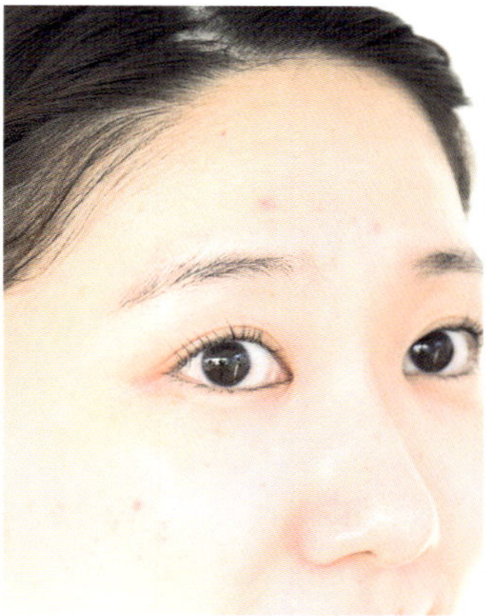

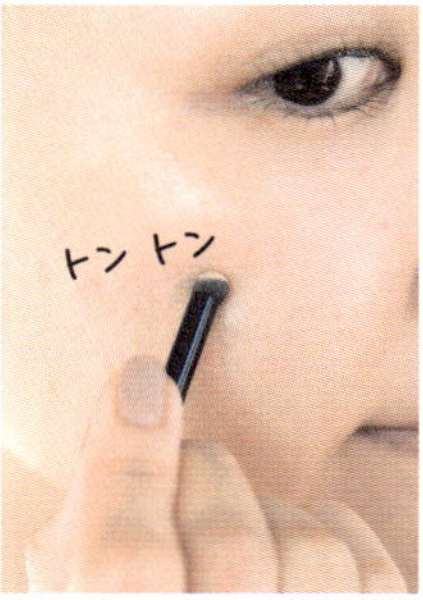

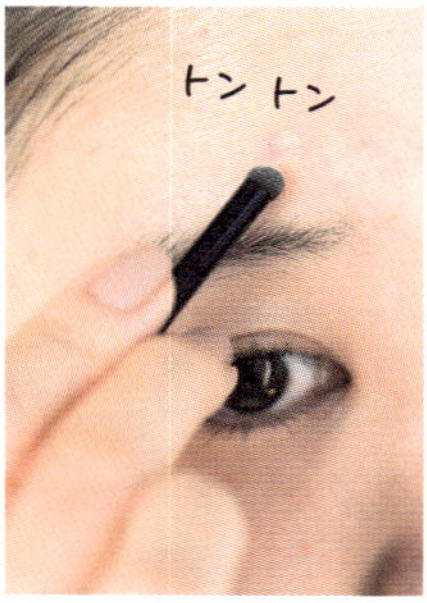

ファンデーションの前に、オレンジ系の暗めで固めのコンシーラーをとり、ニキビ跡を押さえるように塗るのがコツ。このあとに塗るファンデーションが密着しやすくなり、キレイにカバーできる。

Q

眉の色に悩みます。どうやって決めている?

A

髪色を基準に、ワントーン明るく調整

眉をメイクするとき、アイブロウペンシルは自眉に近い色を選んで、アイブロウパウダーと眉マスカラは髪色を基準に決めるとセンスよく仕上がります。どちらも髪色よりやや明るく調整できるものをチョイスすると効果的。明るくしすぎに注意して、ワントーンだけ明るくすると垢抜け効果がアップします。

Q

下まつ毛のカールがうまくできません

A

アイラッシュカーラーを逆さに持ち根元からカールさせていく

アイラッシュカーラーを逆さにして、まつ毛の根元を挟むのがコツ。マスカラを塗るときはまつ毛を下に向けるように意識して塗り、くるんと感を与えて。

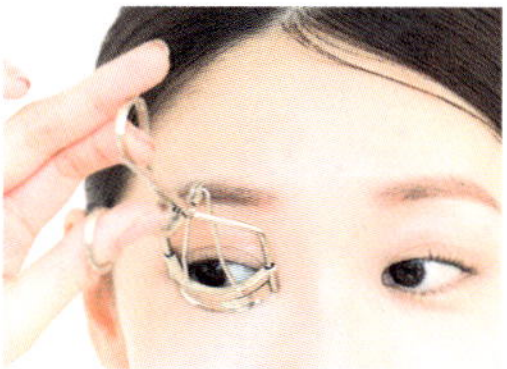

Q

マスカラはブラック派？
カラーマスカラを使うことは
ありますか？

A

基本はブラック派！
服に合わせて変えることも

基本的にはブラックを使用しています。アイシャドウを薄めにして、その分まつ毛はマスカラをしっかり塗ってばっちりキメるのが最近の気分。お洋服に合わせて、ブラウンやチェリーブラウンのマスカラを使うこともあります。

Q

コスメの色を選ぶとき、ブルベ、イエベって気にしている？

A

あくまで参考程度。髪や服の色に合わせたほうが◎

ブルベだからこれは使わない、イエベだからこれは使わない、ということはしないようにしています。あくまでも自分に何が似合うかわからないときに参考にする程度。髪の色や服の色に合わせてメイクをするほうが楽しめます！

Q

30代もピンクメイクってしていいと思いますか？

A

全然OK♪ 大人っぽくしたいときはピンクの色味を変えてみて

私のプライベートメイクはほとんどピンクメイクです。〇歳だからこれはダメ、なんてことはないと思います。ピンクにもいろいろなピンクがあるので、大人っぽく仕上げたいときはくすみピンクやコーラルピンクを使うのがおすすめです。

Q

マット系のリップを使うことってありますか？

A

お仕事のときは衣装や雰囲気に合わせて使うことも

プライベートではあまり使うことはありませんが、お仕事のときはヘアメイクさんが使ってくれます。ブラウン系やモーヴピンク、オレンジなど、衣装の色や雰囲気に合わせて変えているそうです。

Q

季節でポイントメイクの色を変えることってありますか？

A

季節やトレンドによってチェンジ！

秋冬はブラウンや深めのカラーを使ったり、夏や冬はラメを多く使ったり、春は淡いカラーを使用したりなど、季節によって変えています。また、季節だけでなく、そのときのトレンドで変えることもあります。

Q

ゆきりんがこれから挑戦してみたいメイクは？

A

韓国メイクはチャレンジのしがいがありそう！

韓国メイクです！　韓国のヘアメイクさんにメイクをしていただいたときの雰囲気がとっても好きで、自分でも再現してみたいなと思っています。涙袋を大きめに描いたり、２種類のチークを使い分けたり、細かいポイントがたくさんあるので、チャレンジしがいがありそうです。

Q

大人っぽくしたいとき メイクはどうしている?

A

チークをピンク以外にして、横に広げて入れる

チークの色や入れ方を変えることで、大人っぽく仕上げられます。色はピンク系以外（ピンク系ならくすみピンクやコーラルピンク）を使用。丸く入れずに、横に広げるように入れると大人っぽく仕上がります。

Q

写真写りがよくなるように メイクで意識していることは?

A

アイメイクや シェーディングをしっかりと

アイメイクやシェーディングをふだんより気持ちしっかりめに仕上げています。自然光で撮るか室内の照明で撮るかにもよるので、メイクをする段階から写真を撮るときとなるべく同じ環境でメイクするといいと思います。

Special Column

ゆきりん流

メイク前後の肌をいたわるスキンケア

美肌への近道は帰宅直後のメイク落とし&ていねいな洗顔から！

数年前までは、どっと疲れて帰宅した日は、メイクを落とす気力もなく、深夜になって仕方なくクレンジングをする日々が続いていました。そうすると、肌に負担をかけているせいか肌荒れしやすいんですよね。今は、帰宅してすぐにメイクを落とすのが習慣になっています。クレンジングのタイミングを変えただけで、肌の調子がぐんと上向きに！　これだけで肌って変われるんだと驚きました。気持ちよくメイクをするためには、やっぱり土台となる肌を安定させておくことが大切。肌をいたわる処方のアイテムを選んで、毎日ていねいに素肌を磨いています。

CLEANSING &FACE WASH

ラゴム ジェルトゥウォーター クレンザー
220mL ¥2,310／アリエルトレーディング

ぷるんとしたジェルタイプの朝用洗顔。寝ている間の余分な皮脂や角質をオフ。「さっぱりした洗い上がりなのに、肌はしっとり」

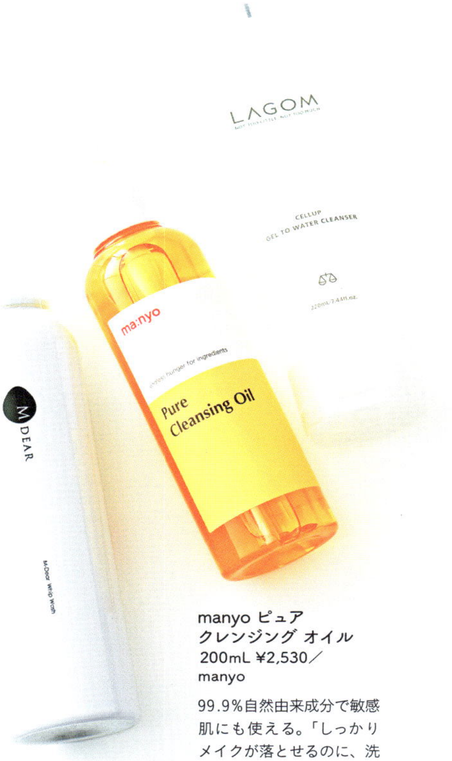

manyo ピュア クレンジング オイル
200mL ¥2,530／manyo

99.9%自然由来成分で敏感肌にも使える。「しっかりメイクが落とせるのに、洗い上がりがつっぱらない使い心地がお気に入り」

エムディア ホイップウォッシュ
200g ¥3,520／メイフラワー

肌への負担が少ない弾力のあるムース泡の洗顔料。「洗い上がりのもちっと感が好き。これで洗うと肌が安定する気がします」

ゆきりん流

メイク前後の肌をいたわるスキンケア

シートマスクはマスト。朝はさっぱり、夜はこっくりコスメを使い分けています

乾いた肌にいくら栄養を与えても浸透しないので、なにより保湿が最優先。夜だけだったシートマスクを、朝もするようになったら肌のうるおい力が高まったので習慣になりました。朝は惜しみなく使える大容量タイプのものを、夜はちょっぴり特別感のあるもので肌と一緒に気持ちも癒やしています。朝のお手入れは、さっぱりした使い心地のコスメでうるおいをたっぷりチャージ。肌を落ち着かせ、メイク崩れしにくい肌に整えます。夜は奮発して高価なコスメをチョイス。どれも抜群の保湿力があり、乾燥しやすい肌をカバーしてくれるので、お値段以上の効果を感じています。

SHEET MASK

メラノCC 集中対策マスク 28枚入り
¥990（編集部調べ）／ロート製薬

ビタミンC、ビタミンE誘導体配合。さわやかな柑橘系の香り。「さっぱりしたつけ心地がGOOD。ビタミンをたっぷりチャージ」

ファミュ
ドリームグロウ
マスク RR
（透明感・キメ）
32mL×6枚入り
¥4,840
／アリエルトレーディング

くすみにアプローチしてみずみずしい透明肌に。「大切な予定の前日はコレ。ハイドラ ドライバイオセルロースシートの密着感も最高」

ルルルンプレシャス
WHITE（クリア）32枚入り
¥1,870／Dr.ルルルン

くすみをケアしてぱっと明るい透明肌に。「大容量で気軽に使える。すっきり軽やかなつけ心地で朝のメイク前に使うと気持ちいい」

メディヒール
コラーゲン エッセンシャルマスク
24mL×10枚入り ¥2,200／メディヒール

植物性コラーゲンをたっぷり配合。弾力ケアでハリ感アップ。「とろみがあるけど、水分たっぷりで重すぎない快適な使い心地」

MORNING SKIN CARE

ソフィーナ iP
ベースケア セラム
〈土台美容液〉 90g
¥5,500（編集部調べ）／花王

炭酸泡が肌をやわらかくほぐし、次のスキンケアの浸透力を高める。「断然、なじみ方が変わる。美容成分をぐいぐい引き込んでくれる感じ」

ドクターケイ
薬用Cリンクル
ホワイトミルク
（医薬部外品）70mL
¥8,800／ドクターケイ

10種のビタミンを黄金比で配合。シワやシミにアプローチするビタミン乳液。「ベタつかず軽やかなテクスチャーが朝にぴったり」

バイユア
グローブースト
マルチV トナー
145mL
¥2,970／Hamee

美容成分を抱え込み、肌の上ではじけて浸透する高保湿化粧水。「肌にぐんぐん入っていく感じが◎。その後のメイクもスムーズ」

NIGHT SKIN CARE

コスメデコルテ
AQ アブソリュート
バームクリーム エラスティック 50g
¥33,000／コスメデコルテ

コクのあるクリームでハリとツヤをもたらす。「少量でもしっかりうるおう実力に感動。翌朝の肌もしっとりしています」

クレ・ド・ポー ボーテ
ローションイドロA n
（医薬部外品）170mL
¥13,200／クレ・ド・ポー ボーテ

とろみのあるテクスチャーで透明感ある肌に。「とにかく保湿力がすごい！　乾燥しやすい肌にうるおいを満たしてくれます」

コスメデコルテ
リポソーム アドバンスト
リペアセラム 50mL
¥12,100／コスメデコルテ

極小の美肌カプセル“リポソーム”により吸い付くようなしっとり肌に。「導入美容液をいろいろ試してきて浸透力の高さを実感」

「メイク」はもっと可愛くなれる“魔法”
みたいなものだと思います☆♪
この本を手にとってくれたアナタにとって
メイクがもっと楽しくなりますように♡

柏木由紀

SHOP LIST

Beauty

RMK Division
0120-988-271
アイセイ
06-6327-3790
アディクション ビューティ
0120-586-683
アミューズ
amuse_jp@amusemakeup.com
アリエルトレーディング
0120-201-790
井田ラボラトリーズ
0120-44-1184
イプサ
0120-523-543
イミュ
0120-371367
エテュセ
0120-074316
エレガンス コスメティックス
0120-766-995
花王
0120-165-691
かならぼ
0120-91-3836
カネボウ化粧品
0120-518-520
韓国高麗人蔘社
03-6279-3606
Clue
03-6222-9674
クレ・ド・ポー ボーテお客さま窓口
0120-86-1982
コージー本舗
03-3842-0226
コスメデコルテ
0120-763-325
SHISEIDOお客さま窓口
0120-587-289
資生堂
0120-81-4710
ジルスチュアート　ビューティ
0120-878-652
スナイデル ビューティ
info@mashbeautylab.com
ディーアップ
03-3479-8031
ドクターケイ
0120-68-1217
Dr.ルルルン
0120-200-390
NARS JAPAN
0120-356-686
Hamee
0120-569-565
パナソニック
0120-878-697
パルファム ジバンシイ
03-3264-3941
パルファン・クリスチャン・ディオール
03-3239-0618
BCLお客様相談室
0120-303-820
BENOW
fwee_jp@benow.co.kr
マツキヨココカラ&カンパニー
0120-845-533
manyo
https://manyo-japanese.com/
ミシャジャパン
0120-348-154
ミルクタッチ（クージー）
03-5413-3330
メイフラワー
0120-828-998
メディヒール
03-6300-6578
Rainmakers
0120-500-353
ロート製薬
03-5442-6001
ワンダーライン
03-3401-1888

Fashion

アンティローザ（J1U／paravion）
https://auntierosa.com/
カーサフライン
03-6447-5758
サージュブティック（SAAAGE boutique／LOHME）
03-6271-4866
サンポークリエイト（アネモネ）
082-248-6226
ロードス
（エルベ ヴィジブル／CAKI／CANDY.／cujacu／ルナシック）
03-6416-1995

※掲載商品の価格は、消費税込みで表示してあります。

柏木由紀（かしわぎ・ゆき）

1991年7月15日生まれ、鹿児島県出身。2024年4月をもって17年間在籍したAKB48を卒業。“ゆきりん”の愛称で親しまれ、バラエティ番組で見せる飾らないキャラクターが人気。YouTubeやファッション・美容誌で大好きなメイクとコスメについて熱く語る姿が幅広い世代の女性から支持を集めている。2022年に日本化粧品検定1級に合格し、2023年には自身がプロデュースするコスメブランド「upink（ユーピンク）」を立ち上げた。

写真／天日恵美子（人物、P88、P134-136）、古家佑実（物）
スタイリング／岡野香里
ヘアメイク協力／永田紫織（Nous）
ブックデザイン・DTP／中山詳子
文・編集協力／佐久間千絵
制作協力／ワタナベエンターテインメント
企画・編集／九内俊彦、山口麻友

メイクで見つける可愛いの法則

2024年11月28日　第1刷発行

著　者　柏木由紀
発行人　関川 誠
発行所　株式会社宝島社
〒102-8388 東京都千代田区一番町25番地
電話：営業 03-3234-4621
編集 03-3239-0646
https://tkj.jp
印刷・製本　サンケイ総合印刷株式会社

ISBN 978-4-299-05886-7